신념의 마력

신념의 마력

1판1쇄 발행 / 2011년 10월 31일
2판7쇄 발행 / 2022년 9월 20일

지은이 / 클라우드 M. 브리스톨
옮긴이 / 정만호
펴낸이 / 이규종
펴낸곳 / Happy&books
등 록 / 제10-1562호(1985. 10.29)
주 소 / 서울특별시 마포구 신수동 448-6
전 화 / (02) 323-4060, 322-4477
팩 스 / (02) 323-6416

가 격 : 12,000원

* 잘못된 책은 구입처에서 교환해드립니다.

신념의 마력

클라우드 M. 브리스톨 / 정만호 옮김

Happy&Books

머리말

브루터스여, 우리가
남의 밑에 서 있는 것도
운명의 별 때문이 아니라
우리들 자신의 탓이오.
　　　―셰익스피어의 〈줄리어스 시이저〉에서―

　여기에 인용한 셰익스피어의 이 유명한 대사는 오늘날까지 수백 년 동안이나 진리로 전해왔다. 그리고 이 진리는 저자의 〈신념의 마력〉에서 다시 새로운 의미로 강조되고 있다. 인간이 저지른 실패를 운이 나쁜 탓이라고 돌려버리는 습관은 저자에 의하여 깨끗이 부정되었다.
　저자가 주장하는 일관된 생각은 마음의 힘을 이용하여 실패를 성공으로 바꾸거나 혹은 처음부터 실패하지 않고 성공을 달성하고자 한 점에 있다.
　〈신념의 마력〉이 처음 출판되었을 때 덴버포스트지 사장 호이트 씨는 다음과 같이 말했다.

　"사람들은 누구나 다른 어떤 일보다도 자기 자신과, 자신의 성공에 대하여 깊은 관심을 가지고 있다. 그렇기 때문에 C. M. 브리스톨의 저서 〈신념의 마력〉은 많은 독자들에게서 사랑을 받을 것으로 생각한다.
　브리스톨은 우리가 생활 속에서 어떤 목적을 달성함

에 있어 꼭 필요한 근본적인 사고방식을 주장하고 있다. 그는 '누구나 어떤 목표라도 달성할 수 있다'고 굳게 믿고 있고, 그와 같은 생각을 실례를 들어 증명하고 있다."

이 책은 그가 주장하고 있는 사고의 원리를 알고 쉽게 활용하도록 펴낸 것이다.

저자는 신문기자와 실업가로서 성공한 사람으로, 당초에는 오로지 기업가들만을 위하여 이 책을 썼다. 그가 제안한 방법은 비즈니스를 목적으로 한 것으로, 그 원리의 정확성을 풍부한 사례를 들어 입증하고 있다.

우리 모두가 저자의 사고방식을 받아들여 인생을 살아간다면, 틀림없이 그 목적을 이룰 수 있다고 확신한다.

세상 사람들은 흔히 말한다.

"만일 내가 지금 알고 있는 것을 조금 더 젊은 시절에 알았더라면……."

그러나 지금도 늦지 않다.

당신이 진심으로 이 책의 가르침을 익힐 수 있다면, 틀림없이 성공을 이룰 수 있을 것이다.

성공을 원하고, 만족한 삶을 바라는 모든 사람들에게 확신과 신념을 가지고 이 책을 권한다. 이 책을 읽고 연구하여, 그 가르침을 당신의 것으로 만들기 바란다.

차 례

제1부 신념은 기적을 낳는다

마음의 힘과 사람의 삶 12

내가 만난 어느 화가의 이야기 / 마음에 심은 첫번째 야망
잠재적인 마음의 힘 / 신념의 양면 / 신념은 기적을 얻게 된다
놀라운 믿음의 힘 / 당신도 마음의 힘을 사용할 수 있다
마음의 힘은 어떻게 작용하는가 / 행복 또는 재앙을 부르는 마음의 힘
잊지 말아야 할 경고

가장 뛰어난 지배의 힘 28

세상의 모든 것은 사고의 산물 / 강력한 사고의 힘이 당신을 조정한다
모든 것의 기원은 사고에서 / 나이팅게일의 신념 / 위대한 힘의 근원
다른 사람들의 사고를 주의하라 / 마음의 자력 / 엘도라도

당신의 소망은 무엇인가 43

부자가 되고 싶지 않은가? / 명성을 얻고 싶다면
운동선수가 되고 싶은가? / 학자가 되고 싶은가?
예능인이 되려면 / 마음을 결정하라
신념은 당신에게 하나의 원동력이 된다
일단 결심하면 그것에 매진하라
마음은 고체의 분자에 영향을 준다 / 사고는 자력磁力이다
진동은 무엇인가? / 신비를 체험할 하는 한 가지 실험
사고는 연못의 잔물결처럼 퍼져나간다
신념을 굳게 하고 삶을 살찌게 하는 지혜

제2부 인간을 지배하는 위대한 힘

잠재의식이란 무엇인가? 62

인간을 지배하는 신비로운 힘 / 신념의 힘은 마력과 같다
신비롭고 범상치 않은 능력 / 되풀이하는 것이 최상의 방법
잠재의식을 활용시킨 여배우 / 마음의 힘은 예전부터 존재했다
잠재의식의 신비로운 힘 / 의식하는 마음을 떠나 다른 일을 하라
하나의 실험 / 의식과 잠재의식 / 의식하는 마음의 중요성
추리의 사례

잠재의식의 작용 83

힘의 근원 / 기억의 창고 / 웅장한 방송국 / 잠재된 힘은 쓸수록 커진다
초능력을 가진 잠재의식 / 생명을 지키는 잠재의식
잠재의식은 생명을 구한다 / 잠재의식은 생명에 활력을 넣어준다
세심하게 신경을 써라 / 정당한 욕망을 가져라 / 의심하지 마라
서두르지 마라 / 불합리한 충동도 일단 따라가라 / 잠재의식은 현명하다

제3부 신념은 운명을 창조한다

신념의 기초는 무엇인가? 100

히틀러와 무솔리니 / 일본의 조작된 결사대원 / 암시의 힘은 반복된다
중요한 마음가짐 / 암시의 몇 가지 사례 / 경제 현상에도 적용된다
공포는 실패를 부른다 / 암시의 능력 / 바른 습관을 길러라
반복과 의례(儀禮) / 신념이 운명을 만든다 / 나무에게 말하다

분명한 마음의 그림을 그려라 124

헛된 꿈을 꾸면 안 된다 / 집중력의 중요성
잠재 의식의 활동 / 잠재의식은 마음의 그림으로 움직인다
마음의 그림으로 물고기를 잡는다 / 금방 결과를 알 수 있는 실험

지금 곧 활용하라 145

카드는 비밀로 할 것 / 색다른 충동 / 강한 사람한테 강해져라
중견 간부도 평범한 사람이다 / 매상을 올리기
신념의 힘 / 사람을 변하게 하다

제4부 당신의 의지대로 할 수 있다

암시와 상상력 *162*

상상력이 일으키는 위대한 힘 / 잠재의식에 보내는 암시
비밀로 하라 / 자기암시는 필요하다 / 간결한 말을 써라
잠재의식을 창조적인 생각으로 채워라 / 반복되는 변화
남의 의견에 쉽게 동조하지 마라 / 행동 없는 신념은 필요 없다

거울의 기능 *183*

일단 행동하라 / 목표를 확실하게 하라 / 암시 카드를 써라
거울의 기능 / 여자의 눈물을 그치게 하는 방법
자신을 보는 것 / 자신에게 자기 생각을 팔아라 / 불황을 극복하는 방법
거울의 기능을 사용하는 방법 / 걱정은 신념으로 없애라
눈의 중요성 / 그것은 바로 여기에 있다

부자가 되는 비결 *203*

최선을 다하라 / 신념으로 부자가 되다
모든 사물은 사고에서 비롯된다 / 지름길을 찾지 마라
생각대로 된다 / 잠재의식이 주는 결론 / 잠재의식과 육감은 다르다
꿈은 당신이 정하는 것이다 / 당신이 할 일

제5부 노력하라, 성공의 날은 찾아온다

감정을 지킬 것 *224*

생각은 어떻게 성장하는가? / 당신을 포장하라
어떤 사람이 인기를 끄는가? / 감정을 지켜라
다른 사람에게 미치는 영향 / 어려운 문제와 싸워라
신앙으로 치료하는 법 / 감정이 일으키는 병
마음이 운명을 만든다

자신의 주인이 되어라 *240*

섣부르게 실행하지 마라 / 결정된 목표의 안내자
흰색의 마술魔術 / 마음은 곧 당신 자신이다 / 종점이라고 생각지 마라
계속하라, 성공의 날은 반드시 찾아온다
마음가짐에서 행복이 온다
문제는 마음의 힘 / 운명의 주인이 될 것

제 1 부

신념은 기적을 낳는다

어떤 장애도 인간의 굳센 의지
앞에 아무런 방해가 될 수 없다.
그것이 인간을 나약하게 만들지는 못한다.
굳은 정신을 가지고 모든 일을 헤쳐 나가는 사람에게
모든 장애는 도덕적 미와 힘을 더해줄 뿐이다.

마음의 힘과 사람의 삶

인간의 마음속에는 위대한 힘이 있다. 그러나 대부분의 인간들은 이 힘이 있는지조차도 모르며, 거의 사용하지 않는다. 만일 이 힘을 사용할 수만 있다면, 인간의 소망은 무엇이든지 다 이루어질 것이다.

현재를 뛰어 넘어서 먼 장래를 꿈꾸는 당신에게 먼저 이 말을 해두고 싶다.

지금은 비록 절망 상태에 있을지라도 희망을 버리지 않는 당신에게 이 말을 들려주고 싶다.

지금부터 나는 자신이 직접 경험하고, 다른 많은 사람들의 생활에도 영향을 준 사실만을 얘기하려고 한다.
먼저 진리는 변하지 않는다는 것을 나에게 확신시켜준 몇 개월 전의 경험부터 말하기로 하겠다.

▶ 내가 만난 어느 화가의 이야기

나는 H. 웹스터라는 화가를 애리조나 주 탁손 시에서 우연한 기회에 알게 되었다.
처음 그를 만났을 때 내가 물었다.
"왜 당신은 화가가 되었습니까?"
그가 대답했다.
"시카고에서 일어난 어떤 일 때문입니다."
그의 눈은 생기가 넘치고, 사람의 마음을 끄는 것 같은 미소를 입가에 띠고 있었다. 그는 다음과 같이 말을 계속했다.
"내 나이 다섯 살쯤 되었을 때, 대학교수였던 아버지는 나를 데리고 여행을 떠났습니다. 어느 거리에선가 그림을 그려 파는 사람이 눈에 띄었는데, 그의 그림은 첫눈에 반할 만큼 아주 아름답고 훌륭한 그림이었습니다. 나는 깊은 감명을 받고 멈춰 서서 그림을 그리는 그를 정신없이 쳐다보았습니다. 아버지가 가자고 재촉하자, 나는 그만 울어버렸습니다. 그때 화가가 되겠다고 결심한 것입니다.

어른들이 종종 내게 '너는 다음에 뭐가 될래?' 하고 물으면 나는 언제나 망설임이 없이 '화가가 되겠어요'라고 말하는 것이 입버릇이 되어버렸습니다. 학교에서 공부를 할 때에도 '화가가 되고 말겠다'고 혼자 중얼거리곤 했습니다.

아버지는 명망 있는 교육자였으므로 당연히 나를 교육자로 키울 생각이었지만, 나는 화가가 되겠다는 고집을 버리지 않았습니다. 그 후 여기저기서 상을 받고, 여러 단체에서 보조를 해주어 연구비를 마련하게 되자, 부모님은 비로소 나를 이해해 주었고, 그 뒤부터는 힘껏 나를 도와주었습니다."

말을 마친 그의 눈동자에는 표현할 수 없는 감회와 함께 짙은 우수가 깃들어 있었다. 꿈처럼 지나온 시절들이 생각이 나는 모양이었다.

H. 웹스터는 매우 훌륭한 화가였다. 미국의 대형 미술관마다 그의 그림은 여러 점씩 진열되어 있고, 많은 명예가 그에게 주어졌다. 그렇지만 그는 불행하게 관절염을 앓고 있었다.

그는 휴양 차 애리조나 주로 갔다. 그때의 그는 비행기에서 내리는 대로 곧바로 들것으로 옮겨야 할 만큼 걷기가 어려웠다.

그 후 조금 차도가 있어서 두 개의 목발로 어느 정도 걸을 수 있게 되었지만, 안락의자에 기대앉아 있는 때가 많았다.

특수하게 만든 식기를 사용하여 그런대로 혼자 힘으로 식사는 할 수 있었지만, 옷을 입거나 벗을 때는 도움을 받아야 했다. 면도도 자주 할 수 없었으므로, 수염은 자라난 대로 내버려두었다.

병이 악화되자, 손이 굳어서 화필畵筆을 잡을 수가 없었다. 그러나 H. 웹스터는 절망을 모르는 위대한 화가였다. 그는 입에 화필을 물고 그림 그리는 연습을 하여 마침내 다시 그림을 그리는데 성공하였다.

사람의 마음속에는 우리가 모르는 위대한 힘이 있다. 당신도 이루고 싶은 무엇이든 그것을 손에 넣을 수가 있다.

▶ 마음에 심은 첫 번째 야망

지금부터 여기에서 밝히고자 하는 '마음속의 위대한 힘'의 사용법을 내가 어디서부터 알게 되었는가를 설명하기로 한다.

내가 신문기자로 일하던 중에 2차세계대전이 일어났다. 군에 입대한 나는 보도반報道班에 소속하게 되었는데, 우선 담당 업무를 파악하기 위해 군대에 부속된 양성소에 입소했다.

그러나 그 양성소가 우리들의 퇴소와 동시에 폐쇄된

탓으로, 프랑스에 상륙했을 당시의 나는 비정규군이 되고 말았다. 어느 연대에도 소속되지 못했으므로 일정 기간이 지날 때까지 월급 한 푼 받지 못했다. 따라서 월급을 받는다 해도 훨씬 이전의 것을 소급해서 받아야 할 형편이었다.

처음에 가지고 있던 얼마 안 되는 돈은 수송선에서의 용돈으로 다 써버렸다. 껌이나 캔디는 물론 담배조차 살 돈이 없어지자, 나는 점점 초조해지기 시작했다. 다른 사람이 담배를 피거나 껌을 씹을 때마다 무척이나 부러웠다.

"제대하면 반드시 큰 부자가 되고 말겠어."

나는 몇 번씩이나 마음속으로 맹세하고 굳게 다짐했다.

이것은 결코 남에게 자랑할 만한 소원이라고는 말할 수 없을 것이다. 지금 생각으로는 참으로 유치한 것이어서 낯이 뜨겁다. 그러나 그 당시의 나는 민간인이 되면 이루어야 할 첫 번째 야망으로 그것을 나의 마음속에 그려 넣었던 것이다.

그것은 내 마음속에 뿌리를 내려 여러 해 동안 내 마음에 우선적인 자리를 차지하게 되었고, 그로부터 나의 생활은 완전히 변모했다.

▶ 잠재적인 마음의 힘

　전쟁이 끝났다. 마침내 제대를 하고 귀국한 때는 무더운 8월이었다. 나는 돈을 벌어야겠다고 다짐했던 일을 서둘러 시작하기로 했다. 그 때는 그렇게 느끼지 못했지만 지금 생각하니 내게 무의식적으로 잠재됐던 힘이 이미 그 활동을 시작한 것이다.

　일자리를 찾고 있던 어느 날, 내가 소속된 클럽의 회장이 갑자기 전화를 걸어와서 어떤 이름 있는 신탁회사의 사장을 만나 보지 않겠느냐고 물었다. 나는 그 사장을 만나고 곧바로 취직이 되었다.

　그리고 그 뒤로 채 10년도 안 되어 부사장까지 승진해서 상당한 재산을 모았다. 그 10년 동안에 나는 항상 돈을 모아야겠다는 생각을 마음속에 그리면서 그것에 집중했다.

　지금 내가 이런 이야기를 하고 있는 것은 '마음의 힘'이라 할 이 능력을 어떻게 해서든지 전해주고 싶기 때문이다.

　어떤 방면이든 관계없다. 어떻게든 세운 목표를 향하여 당신의 마음을 집중시켜 보는 것이다. 그러면 당신은 이 원리가 어떤 효과를 발휘하는지 알게 될 것이다.

　한 가지 예를 들기로 한다. 어느 날, 나는 하와이의

호놀룰루에 놀러갔었다. 그런데 갑자기 아메리카 대륙으로 돌아가고 싶다는 강한 충동을 느꼈다. 마침 출항하는 배의 마지막 한 장 남은 표를 사서 배의 갑판으로 뛰어 올라갔다. 그때 나는 마음속으로 이렇게 중얼거렸다.

'이번 여행은 지금까지는 잘 진행되었는데, 이제 이 배의 식당에서 귀빈들이 앉는 메인테이블에 초대받는다면 더욱 좋겠다…….'

이렇게 생각한지 얼마 되지 않아, 내가 특별히 부탁하지도 않았는데, 그 배의 선장이 메인테이블에 나를 초대했다.

▶ 신념의 양면

"어떻게 저를 초대하게 되셨습니까?"

내가 틈을 보아 이렇게 묻자, 선장은 빙그레 웃었다.

"우리의 삶에는 이따금 어떤 본능적인 생각이 떠오르는 때가 있습니다. 배가 막 출항하려고 할 때 나는 선장실에서 당신이 승선하는 모습을 보고 있었습니다. 당신이 뛰어 올라오는 것을 본 순간, 나는 당신을 초대해야겠다고 생각했습니다. 문득 그런 생각이 났다는 것 이외에는 무어라 달리 더 설명할 것이 없습니다."

내가 말하려는 것을 누가 이해할 수 있겠는가? 그러

나 나는 이런 여러 가지 체험을 통해서 '마음의 힘'이라는 것이 어떤 작용을 한다는 것을 나 스스로도 알기 시작했던 것이다. 나는 그것을 어떤 신비로움으로 생각했다. 짐작하건대 무엇이든 '그것은 왜 그럴까?' 하는 의문을 가지고 호기심을 일으키는 나의 천성 때문에 그렇게 생각하는지도 모른다.

신문기자 시절이나, 또 사업가가 되어서도 나는 언제나 문제의 해결을 추구해왔다. 그런 관계의 책도 많이 읽었다. 최근에 나온 심리학이나 정신요법, 고대의 마술, 그리고 철학서적도 빠뜨리지 않았다.

이와 같이 연구를 계속하는 동안 모든 정신적인 것에는 하나의 선이 가로 놓여 있어서, 모든 현상이 둘로 나눠져 있음을 알게 되었다. 즉, 선의 양쪽에는 각각 다른 별개의 세계가 있는 것이다.

이 선은 믿는다는 것, 즉 신념이라는 간결한 말로 표현되는 것이다.

▶ 신념은 기적을 얻게 된다

이것도 실제로 일어났던 일이다. 나는 멕시코와 접한 미국 서남부에서 생활한 적이 있다. 거기서 나는 집이나 정원을 관리하는 솜씨가 뛰어난 멕시코 사람을 고용했다. 그의 이름은 카를로스였다.

카를로스는 '기적'을 경험한 일을 다른 사람들에게 자랑하고 있었다. 나는 그다지 신앙심이 깊은 사람은 아니었다. 그러나 그의 체험담만은 도저히 부정할 수가 없었다.

그는 우연한 사고로 반신불수가 되어 정상적으로 걸어 다닐 수가 없었다. 병원에서는 더 이상 치료할 방법이 없다면서, 그에게 일생 동안 불편하게 살아가야 한다고 말해주었다. 그러나 카를로스는 그 정도의 고난에 인생을 포기할 그런 용기 없는 사나이가 아니었다. 그는 어린 아들의 부축을 받으며 기적이 일어난다는 유명한 성 사비엘 교회를 향해 떠났다. 그 거리가 8마일이다.

그들이 걸어가는 중에 자동차를 몰고 가던 사람들이 태워주겠다고 했지만, 그는 한사코 그 친절을 사양했다. 그 길을 자신의 발로 걷지 않으면 안 된다는 생각 때문이었다.

그러나 그의 걸음은 안타깝게도 너무 느렸다. 겨우 8마일밖에 안 되는 거리를 가는데 꼬박 이틀이나 걸렸다.

교회에 도착했을 때는 너무 지쳐서, 제단 앞 통로를 가까스로 기어가 엎드린 채 하나님께 예수 그리스도의 이름으로 기도를 드렸다.

그러자 기적이 일어났다. 놀랍게도 마비증세가 씻은

듯이 사라지고, 그는 교회에서 자신의 발로 걸어 나올 수 있었다. 이때부터 그는 자유스럽고 당당하게 일할 수 있게 되었다. 바람에 날린 지붕을 수리하기도 하고, 테라스의 석축石築을 고치기도 하고, 정원수나 울타리 손질도 잘할 수 있게 되었다.

가질 수 있다고 믿어라, 당신은 반드시 얻게 될 것이다.

나는 '신념은 우리에게 힘을 준다'고 확실히 믿는다.
영국의 유명한 의학자 A. 캐논 박사는 다음과 같이 말하고 있다.
"현재는 절단한 부위에 다시 살이 돋아나도록 할 수 없으나, 만일에 인간이 그것의 가능성을 부정하지 않는다면 머지않아 그렇게 될 것이다. 깊은 곳에서, 즉 잠재의식 속에서 그것이 가능하다고 인정하면 새로이 살이 살아나게 할 수 있을 것이다."
얼마 전, 이웃 사람이 내게 그의 손에 있던 사마귀가 없어진 데 대해 말한 적이 있다. 그것은 그가 병원에 입원해 있을 때의 일인데, 어떤 사람이 회복기에 있던 환자에게 하는 말을 들었다.
"사마귀를 떼어버리고 싶으세요? 당신의 사마귀가 몇 개인지 세어보게 하세요. 그러면 곧 없어질 것입니다."

그래서 이웃 사람은 "내 것도 세어봐 주십시오." 하고 부탁했는데, 한동안 잊어버리고 있다가 문득 생각이 나서 손을 훑어보았더니, 그 많던 사마귀가 모두 없어졌다고 했다.

▶ 놀라운 믿음의 힘

1945년 캐나다 의학협회 잡지에 다음 같은 F. 카르츠 박사의 논문이 실려 있었다.

"세계 어느 나라나 사마귀를 없애는 고유의 방법이 있다. … 거미줄로 사마귀를 싸매는 요법을 비롯하여 초승달이 뜰 때 두꺼비 알을 네거리에 묻는 등 많은 미신적인 방법이 있다. 그러나 만약에 환자가 그것을 믿는다면 모두 다 효과가 있는 방법이다."

오늘날 세계의 뛰어난 연구가들이나 학자들까지도 '마음의 힘'이라는 문제를 가지고 여러 가지 실험이나 연구를 하고 있다.

전기학電氣學의 천재 C. F. 스타인메츠는 이렇게 말하고 있다.

"향후 50년 동안의 가장 중요한 발전은 인간의 정신에 관한 연구가 될 것이다."

미국 노스웨스턴대학의 심리학 교수 R. 골드 박사도 다음과 같이 유명한 말을 한 적이 있다.

"우리는 지금까지 알지 못했던 인간의 정신력 탐구의 일보 직전에 있다."

▶ 당신도 마음의 힘을 사용할 수 있다

마음의 힘에 대한 신념이 깊어지고, 내 생활에 그것을 응용하는 실험이 진행됨에 따라 나는 그 이론을 다른 사람들에게 가르치게 되었다. 나는 어떤 소중한 것을 지니게 되었다는 확신을 가지고 있다.

진정한 야망을 마음속에 간직하고 있는 사람은 누구든지 그 목적을 이룰 수 있다.

아무리 높은 이상이라도 마음의 힘으로 반드시 성취할 수 있다. 장래의 계획을 세워서 여기에 제시하는 기법을 사용할 수 있다면, 당신도 마음에 그리는 성공을 틀림없이 성취할 수 있으리라고 확신한다.

▶ 마음의 힘은 어떻게 작용하는가?

나는 마음의 힘으로 수입을 몇 배나 늘린 사람들을 많이 알고 있다. 미국 태평양 연안의 라디오 청취자라면 누구든지 알고 있는 A. C. 딕슨이라는 사람이 내게 이런 편지를 보내 왔다.

"나는 사업에 실패해서 주머니에 겨우 65달러밖에 없었을 때, 당신의 방법을 시험해보았습니다."

그 편지에는 그 후에 일어난 여러 가지 일, 말하자면 43세에 파산하여 가족을 굶겼던 그가 큰 돈을 벌기까지의 경위가 자세히 씌어져 있었다.

군대에서 불구자가 된 D. 퀘일도 나에게 이런 편지를 보냈다.

"당신의 생각에 익숙해진다는 것이 처음에는 그렇게 간단한 문제는 아니었습니다. 군에서 당한 부상 탓으로 나는 두 다리가 마비되어 목발을 짚고 다녀야 했습니다. 그것은 바쁜 세상을 살아가기에는 견디기 어려운 불편함이었습니다. 견디다 못해 나는 당신이 주장하는 원리를 실행해 보기로 했습니다.

… 중략 …

그래서 나는 보험과 회계사 일을 시작했습니다. 덕택에 지금은 윤택한 생활을 하고 있습니다. 당신이 가르쳐준 방법이 나를 성공으로 이끌었다고 확신합니다.

누구든지 자신의 내부에 있는 마음의 능력을 알아내면 모든 걱정이 없어지고, 장애도 없어져 원하는 목적을 달성하게 될 것입니다."

앨리스라는 여류 작가도 다음과 같은 내용의 편지를 보내 왔다.

"기차표를 살 돈이 없었던 나는 그 원리의 도움으로

뉴욕까지 무사히 올 수 있었습니다. 주급 30달러 정도의 돈을 받는 시시한 일로 겨우 입에 풀칠만 하고 있을 때 출판사에서 내 원고를 산 것도 그 원리의 덕분이고, 유럽 여행을 하게 된 것도 그 원리의 덕분이며, 오늘날 고급 모피를 살 수 있다는 것도 모두가 그 덕분입니다."

▶ 행복 또는 재앙을 부르는 마음의 힘

여기에서 한 가지 부탁해 둘 것이 있다. 그것은 마음의 힘을 결코 옳지 못한 목적을 위해 사용해선 안 된다는 것이다.

인간이 이 세상에 나온 이래 '선과 악'이라는 두 개의 큰 힘이 끊임없이 작용해 왔다. 이 두 가지 모두가 무섭도록 강한 힘을 갖고 있는데, 그것이 작용하는 근본 원리가 바로 지금부터 연구하려고 하는 '마음의 힘'이다.

'마음의 힘'은 한 사람의 힘으로 작용할 뿐만 아니라 훨씬 큰 집단의 힘으로 작용하는 경우도 있다. 그리고 그것이 나쁜 쪽으로 작용했을 경우에는 이른바 군중심리라든가 폭동이라고 하는 걷잡을 수 없는 형태로 발전할 수도 있는 것이다.

그러나 역사적 측면에서 보면 그 힘이 좋은 방향,

건설적인 쪽으로 작용했을 때, 종교개혁이라든가 르네상스 시대의 문예부흥과 같은 문화 발전의 획기적인 현상으로 나타나게 된다. 역사는 사실의 기록일 뿐이지만, 당신은 그 사실의 원리를 알아야 한다. 때때로 문명이 붕괴된 사실에 대해서도 그 배경을 탐색해야 한다. 마음의 힘이 당신의 장래와 조국의 장래, 더 나아가 인류의 장래를 지배한다는 사실을 알아야 할 것이다.

▶ 잊지 말아야 할 경고

 자연의 힘은 때로는 파괴적이기도 하지만, 행복을 가져다주기도 한다. 홍수는 재해를 가져오지만, 사막을 변화시키기도 한다. 불은 대도시를 순식간에 태워버리기도 하지만, 방을 따뜻하게 하고 음식을 요리하는데 사용한다.
 마음의 힘도 이와 비슷한 것이라고 할 수 있다. 당신이나 인류 전체를 위해서 움직이지만, 일단 잘못 사용하면 당신의 몸을 망치고 국가나 인류에게 큰 해를 끼친다는 사실을 명심해야 한다.
 만약에 당신이 마음의 힘을 사악한 목적에 사용할 경우 당신 자신뿐만 아니라 다른 사람들까지도 파멸의 길로 몰고 갈 것이다. 그것의 적당한 본보기로 독일의 독재자 히틀러가 있다. 그런 일에 당신은 관계가 없다고 할지도 모른다.

그러나 당신의 생애에 있어서 실패라는 것은 중대한 일이다. 히틀러의 실패가 그 자신에게 매우 심각한 문제였던 것과 조금도 다를 바가 없다.

그 어느 것보다 강력한 것이 마음의 힘이다. 그 힘은 행복을 가져오지만, 재해를 부를 수도 있는 것이다. 당신은 오로지 행복의 길을 선택해야 할 것이다. 부디 당신의 목적, 큰 꿈을 향하여, 그것이 선을 위한 것이라는 확신을 가지고 힘차게 경주해 보라. 나는 확신한다, 모든 것이 당신의 선택에 좌우된다는 것을.

가장 뛰어난 지배의 힘

여기서 말할 문제를 좀 더 분명하게 이해하기 위해 먼저 사고思考에 대해서 생각하고 거기에 따르는 현상들을 살펴보기로 하자.

사고란 과연 무엇인가?

이것은 그 누구도 모른다. 단지 안다면 사고란 정신적인 작용의 일종이라는 것 정도이다. 위와 같은 작용을 마음 밖으로 나타내는 현상이 곧 사고의 표현이다.

우리는 이 사고의 표현을 어린아이나 노인의 행동과 표정에서도 볼 수 있고, 동물에서도 볼 수 있다. 모든 생물에서 정도가 다른 여러 가지 사고의 표현을 보게 되는 것이다.

우리가 사고에 대해서 깊이 생각하고 연구할수록 그

것이 얼마나 위대한 힘인가를 알게 된다.

사고는 전기처럼 활동한다고 볼 수 있다. 우리는 그것을 활동시키는 방법을 알고 있다. 그것이 존재하고 활동한다는 것을 예를 들어 설명하기로 한다.

당신이 자동차로 넓은 도로를 달린다고 가정하자. 당신은 교통 규칙을 잘 지키며, 안전 속도와 앞차와의 거리도 적당히 유지하고 있으니 사고가 날 염려는 없다고 안심할 것이다.

그러다가 갑자기 오토바이가 옆에서 뛰어들 경우 당신은 순간적으로 어떤 대비를 할 것이다. 그 생각에 따라서 곧 어떤 반사적인 행동이 일어난다. 미등을 켜서 뒤따라오는 자동차에 신호를 보내고, 뛰어든 오토바이와 부딪치지 않으려고 속력을 늦춤과 동시에 뒤에 오는 차와도 충돌하지 않게 여러모로 조심할 것이다.

마음과 몸이 동시에 순간적으로 취한 행동이지만, 이것을 어떻게 설명할 수 있을 것인가? 이 복잡한 현상을 알아듣기 쉽게 충분히 설명한다는 것은 어려운 일이다.

동물이 보이는 '사고의 움직임'은 더욱 설명하기 어렵다. 그러나 동물을 사랑하는 사람들이라면 그 심리를 잘 알고 있을 것이다.

나의 친구는 개의 심리를 충분히 헤아릴 수 있는 경험을 한 적이 있다. 그 친구는 얼굴만 알고 있는 어떤 사람의 집을 방문했는데, 아무리 문을 두드려도 대답이 없었다. 그래도 문이 잠겨 있지 않음을 다행하게 생각하며 현관까지 가서 주인을 찾았으나 역시 아무런 대답이 없었다.

그때 안에서 콜리종의 개가 나왔다. 그는 개의 머리를 쓰다듬었다. 개는 꼬리를 흔들며 무척 좋아했다. 그는 좀 더 기다리기로 하고 현관 앞에 있는 의자에 앉았다. 그러나 10분, 15분이 지나도 인기척이 나지 않았으므로 다음날 다시 와야겠다고 생각하며 의자에서 일어났다.

그러자 개는 그가 의자에서 일어나지 못하게 했다. 그가 몸을 움직이려고만 하면 으르렁거렸다.

내 친구는 하는 수 없이 두 시간 동안이나 그 의자에 앉아 있어야 했다. 그 개는 방문객에게 호감을 나타냄과 동시에 경계심을 늦추지 않았던 것이다.

이 개가 보여준 '사고의 움직임'은 앞에서 예를 든 자동차 운전과 같은 경우이다. 밖으로 나타난 행동을 판단하여 그것이 어떻게 움직였는가를 알 수 있는 것이다.

▶ 세상의 모든 것은 사고의 산물

당신 주위를 둘러보라. 당신이 만일 거실에 있다면

소파와 장식장 같은 가재도구를 볼 수 있을 것이다. 이런 경우 눈으로 어떠한 물체를 본다고 생각하겠지만, 실제로는 사고나 관념을 보는 것이다. 누군가의 창조적 작업을 통해서 사고나 관념이 물체로 되어 놓이는 것이다. 맨 처음에 가구를 만들고, 창의 유리를 끼우고, 커튼이며 테이블클로스를 만든 것은 바로 사람의 사고이기 때문이다.

자동차, 고층 빌딩, 성층권을 날아다니는 비행기, 배, 실, 재봉틀, 작은 핀, 그밖에 몇 천 가지, 몇 백만 가지의 물건들 – 그것들은 애초에 모두 어디에서 온 것일까? 오직 하나의 근원, 그 이상한 힘은 사고에서 비롯된 것이다. 깊이 따질수록 이러한 완성품, 그리고 우리의 모든 소유물이 사실은 창조적 사고의 결과로 생기게 된 것임을 알게 된다.

미국의 철학자 랠프 에머슨은 우리의 모든 행동의 근원은 사고라고 말했다. 그 말을 이해할 수 있다면, 우리가 사는 세계는 사고에 의해 지배되고 있으며, 세상의 모든 것은 근본적으로 우리의 마음속에 그 대상물이 있었음을 알게 된다. 수세기 전에 부처님이 외쳤듯이 '세상의 모든 것은 우리의 생각에 의한 산물'인 것이다.

▶ 강력한 사고의 힘이 당신을 조정한다

당신의 삶도 다름이 아닌 당신의 생각, 즉 사고의 과정으로 이루어진 것이다.

당신의 몸을 이루고 있는 살·뼈·근육을 분석하면 70퍼센트가 물이고, 나머지는 별 가치 없는 몇 가지 화학물질에 지나지 않는다.

그러나 현재의 당신이 되게 하는 것은 당신의 '마음과 사고' 그 자체이다. 성공의 비결은 당신 내부에 있다. 인간으로서의 '생각하는 힘'에 있는 것이다. 비교해 말하면, 인간의 사고는 인간을 피그미[1]로부터 거인으로 만들기도 하고 거인을 피그미로 변모시키기도 한다.

당신이 음식을 먹거나 옷을 입고, 버스를 타려고 뛰고, 자가용을 운전하고, 신문을 보고 하는 것은 그렇게 하겠다고 생각하는 충동에서 비롯한 것이다. 그런 생각이 생기지 않으면 당신은 팔 하나 움직일 수 없을 것이다. 당신의 육체적 활동이 모두 육체의 반사작용으로 자동적으로 일어난다고 생각하기 쉽지만 사실은 다르다. 일상적인 생활에서 당신이 하는 행동 하나하나의 배후에는 엄청나고 강력한 힘, 즉 사고가 숨어

---

[1] 피그미(Pvgmy) : 흑인종의 하나. 아프리카에서 오세아니아에 걸쳐 거주하는 신장 150cm 이하의 아주 작은 종족. 피부는 암흑색이고 원시림에서 원시적인 수렵 및 채집생활을 영위함.

있는 것이다.

▶ 모든 것의 기원은 사고에서

당신의 걸음걸이와 몸짓, 말씨, 옷 입는 맵시 등에도 생각이 반영되어 있다.

느린 움직임은 느린 사고를 나타내고, 민첩하고 철저한 행동은 신념에 찬 내적인 힘이 밖으로 나타난 것이다. 바로 당신의 겉모습이 당신의 마음을 나타내는 것이다. 당신은 바로 당신 자신의 생각의 산물이다. 나는 이렇다고 믿는 그것이 바로 당신인 것이다.

사고는 부와 성공, 모든 위대한 발견과 발명, 업적의 근원이다. 사고가 없으면 대제국도, 막대한 재산도, 대륙을 횡단하는 철도도, 근대적인 문명도 있을 수 없는 것이다. 실로 우리에게 사고가 없었다면, 태초의 원시적인 시대에서 한 발짝도 나아가지 못했을 것이다. 어쩌면 지금껏 동굴에서 살며, 초목의 뿌리나 하천에 사는 물고기를 날로 먹으며 살았을지도 모른다.

당신의 생각이 당신의 성격과 인생과 일상의 생활을 결정짓는다. 생각이라는 원동력이 없으면 선과 악도 없을 것이고, 행동이나 반작용도 있을 수 없다. 이것을 생각하면 '자기가 뿌린 씨앗은 스스로 자신이 거두어야 한다'는 성서의 말이 이해가 가는 것이다.

당신이 뿌리는 것은 마음의 자세이고, 거두는 것은 당신의 운명이라는 것은 말할 필요가 없다.

영국의 유명한 물리학자 아더 에딩턴은 이렇게 말했다.

"우리들이 사는 우주는 우리가 상상하지도 못할 범위에까지 영향을 주고 있다. 그것은 근본적으로 우리 마음의 산물이다."

같은 물리학 분야의 권위자 제임스 짐스 역시 우주란 어떤 위대한 우주적 정신의 사고에서 나온 창조물이며, 우주적 정신이란 것은 우리 모두의 마음에 있는 것이라는 의미심장한 말을 했다.

이보다 더 확실하게 이 책의 근본적인 원리를 밝혀 주는 말도 없을 것이다.

▶ 나이팅게일의 신념

지금까지 설명한 것처럼 만약에 마음이 우리 자신을 현재의 모습으로 만든 것이라면, 마음은 언제나 우리가 다시 소망하는 대로 우리 자신을 만들 수도 있을 것이다.

이 말을 믿지 않을지도 모른다. 이런 생각이 짧은 시간에 이해되기란 쉽지 않기 때문이다.

그러나 마음의 문을 열고 듣기 바란다. 역사는 약한 민족이 강해진 경우와, 강한 민족이 약해진 경우로 이루어져 있지 않은가.

당신은 플로렌스 나이팅게일에 대해서 잘 알고 있을 줄로 안다.

그녀는 연약한 여자였다. 그 시대엔 "약한 자여, 그대의 이름은 여자."라고 말할 정도로 여자를 약한 존재로 취급했었다.

사회적 지위와 명예까지 가지고 있던 그녀의 부모 입장에서 볼 때, 좋은 남자를 만나 시집가는 일이 가장 바람직한 일이었을 것이다.

그 당시에는 병든 사람을 간호하는 일 따위는 직업이라고도 할 수 없었다. 그러나 그녀는 병자를 간호하는 일이 사회적으로 매우 중요한 직업이라는 것을 절실히 느꼈던 것이다.

간호는 병자나 부상자에게 꼭 필요한 일이다. 그녀는 영국 출생이었는데도 독일의 간호학교에 입학하여, 먼저 복도를 청소하는 일을 시작했다.

얼마가 지난 후 영국과 프랑스 등이 동맹인 연합국과 러시아 사이에 크림전쟁이 일어났다. 터지는 포화 속에서 수많은 병사들이 죽고 부상을 당했다.

"부상자들을 돌보려면 간호사의 손길이 절대적으로 필요하다. 전선에 간호사를 보내야 한다."

나이팅게일은 국방성에 건의했다. 영국 국방성은 그녀의 제안을 같잖게 생각하면서도 결국은 이 반 미친 여자에게 설득당해 그녀의 의견을 따르기로 했다.

그녀는 간호사들을 모집해서 자비로 원정대를 조직하여 최전선으로 갔다. 담당 장교들은 젊은 여자들을 못마땅해 했지만, 그녀들에게 부상자들을 맡기는 수밖에 없었다.

근대 간호법의 창시자가 된 나이팅게일 밑에서, 젊은 간호사들은 마침내 야전병원의 일을 도맡아 하게 되었던 것이다.

결국 그녀의 독창적인 사고가 환자를 돌보는, 힘든 일을 누구나가 인정하는 신성한 직업으로 끌어올린 것이다.

▶ 위대한 힘의 근원

인류가 처음으로 이 세상에 존재하기 시작할 때부터 이미 사고나 정신의 활동이 얼마나 위대한가를 아는 사람들에 의해서 인류의 교화敎化가 행해졌다. 역사에 기록된 위대한 지도자, 군인, 정치가들은 다른 사람, 특히 자기보다도 강하고 확신에 찬 인간의 생각에 따라 반사적으로 움직인다는 것을 너무나 잘 알고 있었다.

따라서 강력하고 역동적인 사상을 가진 사람들은 그들을 움직였으며, 어떤 때는 자유 쪽으로 이끌었고 어떤 때는 피지배로 몰고 갔다.

역사에서 지금처럼 사고에 대한 연구가 절실하게 필요한 때는 없었다. 우리는 그것을 깊이 이해하고 우리 인생을 개선하는데 이용하도록 하는 방법을 배워야 한다. 우리 한 사람 한 사람의 마음속에 있는 이 위대한 힘의 근원을 발굴해야 한다.

▶ 다른 사람들의 사고를 주의하라

전에는 나 자신도 마음의 힘, 사고의 힘을 전혀 몰랐었다. 마음에 마력이 있거나, 생각은 그 대상인 물질과 서로 작용을 하거나, 정신의 힘은 멀리 있어도 사람이나 무생물에 영향을 미친다고 말하는 사람들을 우습게 여기던 시절이 내게도 있었다.

그러나 지금은 웃지 못한다. 나뿐 아니라, 정신의 힘이 어떤 것인지 조금이라도 아는 사람은 웃을 수가 없다. 지성적인 사람은 빠르든 늦든 사고, 즉 정신력이 지구 전체를 변화시킬 것이라는 사실을 받아들이게 될 것이다.

아일랜드의 유명한 작가 조지 러셀은 말했다.

우리가 그렇게 되려고만 하면 자신이 마음먹은 그대로의 사람이 될 수 있다.

우리가 마음속에 바라던 사람이 될 수 있다는 증거로, 러셀은 그의 희망대로 위대한 작가, 웅변가, 화가, 시인이 되었다.

그러나 반드시 마음에 각인시켜야 할 것은, 우리가 가진 관념이나 사고의 대부분이 우리 자신의 것이 아니라는 점이다. 그것은 우리가 처음으로 생각해 낸 것이 아니다. 우리는 다른 사람들의 사고에 영향을 받으며 산다. 사회생활을 하면서 사람들로부터 듣는 것, 신문이나 잡지나 책에서 읽는 것, 혹은 늘 만나는 사람들과의 대화에서 우연히 듣게 된 것으로 자신도 모르는 사이에 영향을 받는다. 말하자면 온갖 것으로부터 생각들이 쉬지 않고 우리에게 쏟아지는 것이다.

그렇게 외부로부터 오는 영향의 일부는 우리 마음속 깊은 곳에 들어 있는 생각과 혼합해서 위대한 미래의 상을 그리게 되고, 전 생애를 통해 그 길로 이끌어 큰 도움을 주기도 한다.

그러나 그 중에는 장애가 되기도 해서, 우리에게 자신감을 잃게 해 목표로 삼은 이상에서 벗어나게 만드는 경우도 적지 않다. 우리를 괴롭히는 것은 외부로부터 영향을 주는 시시한 생각들이다.

▶ 마음의 자력

나는 과거에 '마음의 자력磁力'에 대해서 들은 적이 있다.

그때 나는 마음이 사람들에게 영향을 미치고, 멀리 있는 사람들의 마음도 움직일 수 있다는 말을 듣고 매우 비웃은 적이 있다. 그러나 지금의 생각은 그렇지 않다. 내가 경험한 경우든 다른 사람이 경험한 경우든 간에 마음의 힘을 비웃는 일 따위는 결코 않을 생각이다. 그와 같은 문제라면, 나는 마음의 문을 활짝 열어 놓고 있다.

이렇게 사고는 점진적으로 발달하고, 그 능력은 무한히 뻗어나가리라 생각한다. 이제 나는 마음의 힘이 지구 표면의 모든 것을 변화시켜 버릴지도 모른다는 생각까지 하고 있다.

▶ 엘도라도

마음의 활동을 지배하는 원인과 결과의 법칙에 대해 깊이 생각하는 사람은 적다.

"모든 것은 안에 있다. 밖에는 아무것도 없다."

"마음은 모든 힘의 근원이다."

이런 말을 듣고서 무슨 말인지 이해하는 사람은 많지 않다. 마음의 힘에 대해 가장 잘 설명해 주는 것은 <코머셜 앤드

파이낸셜〉지誌에 실린 하나의 기사 '엘도라도'라고 생각한다. 그 잡지의 편집인이며 인쇄인인 허버트 세이버트의 승낙을 받아서 그 일부를 인용하기로 한다.

엘도라도는 예로부터 전해 오는 부유한 황금의 나라로 모든 사람들의 집 안에 있다.

당신의 부富가 발밑에 있다.

행운이 당신의 가까운 곳에서 기다리고 있다.

모든 것은 안에 있다.

밖에는 아무것도 없다.

돈방석에 앉아 있거나, 순풍에 돛단배처럼 번영의 길을 가는 사람들이 팔자가 좋아서, 또는 탐욕으로, 혹은 권력이나 속임수로 그렇게 된 것처럼 보이지만 사실은 그렇지 않다.

겉으로 보기에 그렇게 보일 뿐 사실은 모두 안에서 나온 것들이다.

사람은 개인적으로든 집단적으로든 풍요로운 인생을 누리도록 되어 있다.

이것은 분명한 사실이다.

종교나 철학에서도 그렇게 역설하고, 역사나 과학에서도 그 사실을 증명한다.

'인간은 생명체이므로 그 삶을 더욱 더 풍요롭게 누릴 권리가 있다'는 것이 우리 인간을 위해 마련된 법칙이다.

무엇이든 살 수 있는 그 황금을 어디서 얻을 것인

가!

사람은 자기 자아를 발견할 때 바로 그 정신적인 황금을 얻을 수 있다.

자기 자신을 발견하면 자유와 모든 부와 명예와 번영을 얻게 된다.

허무맹랑한 말이라고 생각하는가? 천만의 말씀이다.

역사와 전기傳記가 그것을 증명하고 있다.

당신이 눈을 떠 찾으면 현대에도 그런 실질적인 사례를 볼 수 있다.

자기 안에서 정신적인 황금을 찾아낸 사람이 아니면 실질적이고, 지속적이고, 강력하고, 살아 움직이는 그 무엇을 이뤄낼 수 없다.

미국은 오랫동안 지상 최대의 엘도라도였다.

미국에서는 많은 사람들이 자아를 발견하여 마음의 황금과 기적을 가지고 자기 자신뿐만 아니라 전 인류를 풍요롭게 만들었다.

그것을 이루어내는 데는 고달픈 개척만이 있는 것이 아니다. 자유로운 정신에서 값싸게 얻을 수 있는 혜택이 쏟아진 것이다.

그 혜택은 그것을 처음 발견한 소유자와 처음 만든 생산자와의 교환 법칙으로 인해서 여러 곳에 풍족하게 흩어지게 되었다.

자아를 발견한 사람은 신용, 자본, 물자를 얼마든지

융통해 쓸 수 있는 것이다.

토머스 에디슨은 다음과 같이 말했다.

"아이디어는 우주 공간에서 나온다. 이것은 비합리적이고 신빙성이 없는 생각일지 모르나 그것은 사실이다. 아이디어는 공간에서 나온다."

사실 에디슨만큼 아이디어를 풍부하게 발굴해 사용한 사람도 없다. 그는 무엇인가를 알고 있었음이 분명하다.

자기 안에 있는 엘도라도를 찾아내도록 하자.

그 자원은 아무리 퍼내도 마르지 않는다.

어느 가톨릭 신부의 말처럼 받는 사람의 수에 따라 수량이 정해지는 것이다.

우리에게 부족한 것은 능력이 아니라 어떻게 하자는 의지일 뿐이다.

우리가 자아를 발견하게 되면, 생각은 자동적으로 엘도라도로 향하게 되는 것이다.

당신의 소망은?

 당신이 바라는 것이 과연 무엇인지를 결정하는 것이 당신이 지금 해야 할 중요한 일이다. 그저 남들처럼 성공하고 싶다는 막연한 생각만으로는 안 된다. 그렇다면 스스로에게 다음에 열거한 사항들을 물어 보라.
 무엇을 향해 나갈 것인가?
 목적지는 어딘가?
 자신의 욕망을 눈앞에 확실하게 그릴 수 있는가?
 돈으로 계산되는 것이라면 그 목표액은 얼마인가?
 만일 어떤 것을 갖고 싶다면, 그것을 자세한 명세서로 작성할 수 있는가?
 위와 같은 물음은 그것에 대한 당신의 대답이 앞으

로 당신의 모든 삶을 결정하는 요인이 되기 때문이다. 의아해 할지 모르지만 이런 물음에 제대로 대답할 수 있는 사람은 백 명 중 한 사람도 없다. 대부분의 사람들은 막연하게 성공하고자 할 뿐이다. 그들은 그저 그날그날 살아가며, 오늘 일거리가 있으니 내일도 있을 것이라는 생각을 하곤 한다. 그들은 강의 흐름에 따라 이리저리 흘러가다가 강가로 떠밀려 오르거나, 물에 푹 젖어 가라앉아 버리는 코르크 신세와 비슷하다.

따라서 당신은 바라는 바가 무엇인가를 분명히 알고 목표를 눈앞에 뚜렷하게 그릴 수 있어야 한다.

이것은 물론 대체적인 유의사항이다. 당신이 일자리를 구하거나 새로운 직장을 찾을 때, 새 집이나 시골에 별장을 갖고 싶을 때, 또는 단 한 켤레의 구두만을 원하더라도 이 유의 사항은 변화가 없다. 당신은 당신이 바라는 것의 이미지를 그것이 얻어질 때까지 꼭 지니고 있어야 한다.

▶ 부자가 되고 싶지 않은가?

사람들은 '성공'에 대해서 각각 다른 생각을 갖고 있다. 당신의 생각은 어떤 종류에 속하는가? 당신은 큰 부자가 되면 그것만으로도 충분한 삶이라고 생각할지도 모른다. 가령 그것이 목적이었다고 해도 보통 사람과 비교하여 결코 별난 소망은 아니다.

나 역시 젊은 시절에 그렇게 생각했었다. 만일 그것이 고심한 끝에 당신이 바라던 목적이었다고 대답한다면 그 목적에 분명한 한계를 정해야 한다.

'많은 재산'이란 구체적으로 얼마 정도인가. 그 소원을 충족시킬 만한 정확한 액수를 정하라. 당신이 마음속으로 생각하는 모양을 구체적으로 그리는 것이다. 그만한 액수의 돈을 갖고 있는 자신의 모습을 상상해 보라. 그 돈을 쓰면서 자기는 어떤 식으로 살 것인지 그려보라. 그리고 가능한 대로 선명한 색깔로 상상하라.

▶ 명성을 얻고 싶다면

당신은 자신의 이름을 세상에 널리 알리는 것이 성공이라고 생각하는가, 아니면 뛰어난 능력을 발휘하여 남보다 돋보이게 하고 싶은 것이, 또는 다른 사람들로부터 호평을 얻는 것이 성공인가.

어쨌든 자신이 품은 야망의 성취를 위해서는 확고한 생각을 가져야 한다.

유명해지고 싶다는 것은 너무나 막연한 생각이다. 적어도 자기가 나가려는 목표의 방향을 분명하게 해둘 필요가 있다.

그것이 과학인가, 문학인가, 탐험인가? 당신은 분명

한 목표를 세워야 한다. 당신 마음속의 그림을 좀 더 확실하게 그려야 한다. 명성이라는 막연한 희망만으로는 어디에도 이르지 못한다.

영국의 수상이었던 처칠은 어릴 때부터 남의 주목을 받는 사람이었다. 그의 전기를 읽어 보면 그가 얼마나 똑바르게 생각했고, 그가 지향하는 목표가 얼마나 분명했으며, 그것을 위해서 그의 노력이 얼마나 꾸준했는지를 알 가치가 있다.

당신은 자신의 한 평생에서 무엇을 얻으려 하는가? 어떤 분야에서 활동하여 무엇을 이루려는 것인가? 이런 것들에 대한 대답이 바로 지금부터 당신의 생애를 결정짓게 될 것이다.

▶ 운동선수가 되고 싶은가?

당신은 고교 야구부에서 선수 생활을 하다가 장래에는 프로야구계의 스타가 되고 싶다고 생각할지 모른다.

좋다. 그렇게 될 수 있을 것이다. 그 일에 전력을 기울이기만 한다면……

프로야구라는 것을 항상 마음속에 두고, 자기가 좋아하는 팀에 이미 들어가서 활약하는 자신의 모습을 상상하면서 어느 포지션이 합당한가를 결정해 두라.

마음속에서 생각한 대로 생활하라. 팀을 따라서 여행을 하고, 선수들과 시즌이 시작하기 전의 연습을 하는 것도 마음속에 그려 보라. 진지하게 마음속에 그린 그림을 언제나 생각하면서 줄곧 야구를 계속하라. 당신의 힘으로 가능한 가장 뛰어난 야구를 하고, 연구를 하고, 연습하고, 그리고 굳은 신념을 갖는 것이다.

▶ 학자가 되고 싶은가?

당신의 목적이 학자인가? 그러면 어떤 학문을 목표로 설정하고 있는지 당신은 알고 있을 것이다. 그러나 최후의 학위를 받기 위해서는 어디서 공부할 것인가도 결정해야 한다.

학비는 없어도 관계없다. 마음을 공부에만 정진하는 것이다.

큰 희망에 대하여 분명한 생각을 가져라. 당신이 생각하는 방법이 바로 그것을 성공시키는 것이다.

▶ 예능인이 되려면

예능계에서 빛나는 별과 같은 인물이 되고 싶은가? 당신의 목소리는 좋은가? 가수로서 유명해지기를 바라는가? 그렇다면 그 세계에 들어가 있는 자기 자신을 그려보는 것이다. 당신이 하는 발성發聲 연습, 자기가 맡은 배역의 연습 등 그런 것들이 모두 당신이 마음먹은 대로 되어 갈 것이다.

당신의 마음속에 그린 뚜렷한 영상이 당신이 준비하는 데에 방향을 제시해 줄 것이다.

▶ 마음을 결정하라

당신의 목표가 생물학이든 야구든 여행이든 또는 교사가 되는 것이든, 그 과정은 모두 똑같다. 당신의 빛나는 목표인 '성공'에 이르겠다고 생각한다면 당신의 마음을 조율하여 준비하는 모든 활동에 방향을 잡아야 한다. 항상 자신의 마음의 그림을 모든 활동의 정점에 두어야 한다는 것에 유의하라.

학교를 마치고 무엇을 할 것인가?

대부분의 사람들은 아무 일이라도 하면서 안락한 생활을 하고 싶다고 생각할 뿐이다. 그들은 종사하려는 일이 무엇인가는 생각하지도 않는다. '하는 일이야 무엇이든 상관없다. 그저 월급만 많이 받으면 그만이지' 이렇게 생각하는 사람이 태반이다.

이런 사람들은 어디에 이르게 될 것인가? 결국 어디에도 도달하지 못하리라는 것은 당신도 짐작할 것이다. 다람쥐처럼 쳇바퀴를 돌다가 결국은 하나도 제대로 성취하지 못하고 그 생애를 마치게 될 것이다. 그것은 자신이 무엇을 바라는지 정확하게 파악하지 못했기 때문이다.

당신에게 다른 그 무엇보다 필요한 것은 혼자서 조용히 자기의 목표를 정하는 것이다. 인생에서 당신이 잡아내고자 하는 것이 무엇인지, 먼저 그것을 정확하게 알아야 한다.

나의 말이 너무 번거롭다고 할지도 모른다. 사실 그렇기도 할 것이다. 그러나 당신도 나의 경우처럼 인생의 목표를 자기 자신에게 되풀이해 들려줌으로써 그 생각이 당신의 마음속에 자리 잡게 만들어야 한다.

▶ 신념은 당신에게 하나의 원동력이 된다

당신은 계속해서 커다란 꿈을 꾸어야 한다. 낮에는 일을 생각하고, 그리고 밤에는 그 일을 꿈꿔라. 성공한 자신의 멋진 모습을 그리려고 애쓰지 않더라도 언제나 눈앞에 확실시 될 수 있도록 연습하는 것이다. 이것이 먼저 해야 할 일이다.

필요와 욕망 사이에는 큰 차이가 있다. 예를 들면 지금하고 있는 사업을 위해 자동차 한 대가 필요한 경우가 있고, 가족에게 즐거움을 주기 위해 자동차 한 대를 갖고 싶은 욕망이 생길 때가 있다. 사업에 필요한 차는 일의 진행에 따라 구입한다. 그러나 가족을 위한 경우에는 될 수 있는 대로 빨리 사려고 한다. 가능한 한 빨리 사려고 합당한 계획을 세워 열심히 노력할 것이다. 왜냐하면 그것은 지금껏 당신이 소유하지 못했던 것일 뿐만 아니라 가족에 대한 의무감도 만족시켜 주기 때문이다. 이처럼 그것은 당신 내부에 새로운 힘을 불러일으키고 바깥 세계의 새 자원을 찾는 계기가 된다. 신념의 힘은 당신 속에 하나의 동력을 만든다. 그것에 따라 당신의 인생에 여유 있는 가치가 만들어지는 것이다.

▶ 일단 결심하면 그것에 매진하라

학교에서 성적 좋은 학생이 되고 싶으면 일등이 된 자신의 모습을 그려라. 우수한 기업체에 취직하고 싶다면 그 회사에서 근무하는 자신의 모습을 그려보라. 일단 목표를 정했으면 그것을 똑바로 보고 옆길로 벗어나지 않도록 해야 한다.

당신에게 잠재된 새롭고 위대한 재능을 끌어내도록 당신에게 요구하는 그 무엇을 끊임없이 마음속에 그려보라. 당신의 삶이 바뀌는 것, 재능을 총동원해서 해야 할 어떤 새로운 것, 바로 그것을 위해 드넓은 지평선 위에 참신하고 훌륭한 소망을 세워보라. 그렇게 그린 그림을 똑바로 보고 그것이 반드시 실현될 것이라고 믿어라. 이 믿는 힘만이 당신의 삶에 새로운 가치를 추가할 힘을 느끼게 하고 움직이게 할 수 있다.

당신이 지금 가진 것과는 다른, 또 그 이상의 것을 바란다면, 먼저 바라는 일부터 시작해야 한다. 그것이 원동력이 된다. 모든 것을 살려버릴 듯한 욕구 없이는 무엇이든 손에 잡히지 않는다. 그러나 욕구 말고 당신이 구해야 할 것은 아직도 많다.

▶ 마음은 고체의 분자에 영향을 준다

몇 세기에 걸쳐서 많은 사상가들은 마음을 통해 여러 가지 일을 할 수 있고, 또 물질까지 제어할 수 있다고 주장해 왔다.

명탐정 셜록 홈즈를 만든 코난 도일은 여러 해 동안 영국 심층심리연구학회의 회원이었다. 그는 사람의 마음에는 파괴적인 힘과 건설적인 힘이 양립하는데, 그 힘은 태산도 움직일 수 있을 만하다고 믿었다. 그는 그러한 결과를 의심할 여지가 없지만, 사람의 마음으로부터 나와서 단단한 물건의 분자도 깨트리는 그 힘의 정체는 알 수가 없다고 말했다. 이런 사실을 물질주의자들은 비웃을지도 모른다.

그러나 레이더의 작용과, 방송전파가 목재나 벽돌,

강철 같은 고체를 어떻게 해서 뚫고 지나가는가 한 번 생각해 보라. 만일 사념파思念波라는 것이, 그 본체가 무어든 간에 더 높은 진동에 파장을 맞출 수 있다면, 고체의 분자에 영향을 미칠 수 있는 것은 자명한 일이 아니겠는가.

▶ 사고는 자력磁力이다

이 사실은 당신에게 어떤 의미를 가지는가? 어째서 당신은 사고가 물질에 영향을 미친다는 사실에 관심을 가져야 하는가?

이것을 잠시 생각해 보기 바란다. 당신은 지금까지 "마음가짐이 일의 성패를 좌우한다." 혹은 "말이 씨가 된다."라는 말을 들어왔을 것이다.

내가 두려워하던 일이 내게 일어났다.

성경에 기록된 말이다. 이 말처럼 창조적이고 적극적인 사고방식은 적극적인 결과를 낳고, 공포심은 두려워하던 바로 그 결과를 만드는 자력을 가진다.

이처럼 사고의 성질이 어떤 것이든 그것은 자기 성질과 닮은 것을 만들어 낸다. 이것이 충분히 이해될 수 있다면 그 커다란 힘을 이용할 수 있는 방법도 어느 정도 짐작할 수 있다.

하여튼 내가 굳게 믿어온 결과는 무엇인가를 창조하고, 누군가에게 영향을 미치는 사고의 힘은 지금까지 사람들이 상상할 수조차 없던 넓은 범위에 이르고 있다. 그리고 그것은 그 소리, 강도, 정서의 성질, 감정의 깊이, 그리고 진동의 폭에 따른다. 다시 말해서 그것은 방송국의 파장이나 주파수에 비길 만하다. 즉, 사고는 그 항상성恒常性과 농도, 강도에 비례하여 창조력이나 지배력을 만들어 내게 되는 것이다.

비록 여러 가지 설이 있기는 하지만 사고가 과연 에너지의 일종인지 아니면 다른 어떤 종류인지는 아직 밝혀지지 않은 상태이다.

나는 전기학자인 니콜라 테슬러가 개발한 고주파高周波 분야의 전기 실험을 해본 적이 있다. 그래서 습관적으로 사고의 힘을 전기와 연관지어 생각하고 또 방사放射나 진동의 현상 같은 것이 아닐까 하고 비교하게 된다. 이와 같은 비교가 비록 사고 작용을 충분히 설명해 주는 것은 못되지만 그나마 우리에게 그것을 쉽게 이해하게끔 도움을 줄 수 있을 것이다.

그 후 나는 이것이 나 혼자만의 생각이 아님을 알게 되었다. 실제로 과학자들은 인간의 뇌에서 나오는 진동을 기록하는 기계를 만들어 냈다. 이 기계는 지금까지는 정신 건강을 측정하는데 주로 쓰여 왔다. 연구팀은 그 기계로 정서나 꿈, 또는 장차 닥칠 질병까지도 미세하게 진단할 수 있다고 말한다.

1944년, 예일대학의 바아 박사와 연구팀은 모든 생물은 몸 주위에 전기를 띠는 미세한 광선을 발산하여 그것에 둘러싸여 있으며, 생물의 생명력은 우주 전체의 구성 요소와 연결되어 있다는, 12년 동안의 연구 결과를 발표했다. 또 신비주의자나 형이상학자들은 인간이 미세한 광선을 가지고 있다고 주장해 왔으며, 그것을 실제로 보았다는 사례도 많이 기록되어 있다. 그러나 예일대학의 실험 결과가 발표되기 전까지는 그것이 전기적인 성질의 것이라는 견해를 한 번도 본 적이 없다.

옛날 헤르메스 트리스메기스터스와 그 학파의 철학자들은 '진동설'을 주장했다. 기원전 6세기경에 살았던, 기하 학자이자 철학자인 피타고라스는 만물은 그 본체가 진동이라고 말했다. 그것은 본질적으로 현대의 첨단 과학인 일렉트로닉스電子學의 내용과 같다. 즉, 모든 물질은 일렉트론(음전자)과 프로톤(양전자)으로 이루어져 있다는 학설이다.

이것을 설명하자면, 전기를 띤 미립자微粒子가 서로 쉬지 않고 작용, 반작용을 하고 있다는 것이다. 나는 이것을 '진동'이라고 표현하는데, 전기를 띤 미립자의 진동수가 바뀌면 물질의 본체도 변하게 된다. 고체, 액체, 기체 등의 물질이 서로 다른 것은 진동의 구성에 차이가 있기 때문이다. 즉, 일렉트론과 프로톤의 수적 구성 비율 차이에 따르는 것이다.

▶ 진동은 무엇인가?

인간의 신경계통은 진동에 의해서만 외부의 사물과 접촉할 수 있다. 다시 말해서 우리의 오감五感, 즉 보고, 듣고, 만지고, 맛보고, 냄새 맡는 일은 외부의 물체가 발산하는 진동이 뇌에 전달됨으로써 그 감각을 알게 되는 것이다.

이런 작용을 이해하면 진동의 본질을 더욱 잘 알게 된다. 예를 들어 우리가 큰 소리를 듣는 것은 공기의 진동이 귀에 전해 오는 것이다. 푸른 나뭇잎을 보는 것도 광선의 진동을 눈에서 받아 뇌에 전달함으로써 뇌가 그것을 푸른빛으로 해석하는 것이다.

세상에는 우리의 오감이 받아 느낄 수 있는 한계 이상의 고주파, 말하자면 고도의 진동도 적지 않다.

한 예를 들면, 개가 짖는 소리 속에는 너무나 소리의 강도가 높아서 개밖에 듣지 못하는 것도 있다고 한다.

우리는 누구나 '지압요법'을 알고 있다. 머리가 몹시 아플 때 관자놀이를 손으로 누르면 조금 나아진다. 그것은 일종의 전기 에너지가 손가락에서 흘러나오기 때문이 아닐까?

또 높은 지대에 사는 사람들은 방을 가로질러 가다가 어떤 금속성 물건에 손을 댔을 때 얼핏 전기 불꽃이 일어나는 것을 본 적이 있을 것이다. 그것은 물론 마찰에 의해 일어나는 일종의 정전기인데, 이것으로 보아도 인체에는 전류가 있음을 짐작할 수 있다.

만일 일종의 전기가 우리들의 손에서, 특히 손가락 끝에서 흘러나온다고 하면, 그리고 그것이 전류적電流的이든 자력적磁力的이든 우리들의 생각에 의해 의식적으로 또는 무의식적으로 일어나는 진동이라면, 예부터 있어 온 염력念力, 염동念動, 자동서기自動書記, 혹은 영매靈媒나 신비교도神秘敎徒가 행하는 불가사의한 일들도 납득할 수 있다.

예일대학의 실험팀은, 모든 생물은 스스로가 만드는 전류의 외기外氣에 싸여 있다고 결론지었다. 듀크대학에서도, 역시 프랑스의 과학자 바라 듀크 박사가 이 분야를 연구한 결과 사고는 물체에 영향을 미친다고, 적어도 그들이 만족할 만한 증거를 제시하고 있다.

▶ 신비를 체험하는 한 가지 실험

1. 두꺼운 종이에 1에서 12까지의 숫자를 쓰고 시

계의 글자판처럼 작은 원반을 만든다.

2. 이 원반의 한복판에 바늘을 꽂는다.

3. 바늘 끝에 화살표 모양으로 만든 두꺼운 종잇조각을 균형이 잡히게 수평으로 놓는다.

4. 이 원반을 물이 담긴 유리컵 위에 얹고, 원반 아래쪽으로 나온 바늘이 물에 잠기게 한다(원반의 크기는 컵 주둥이보다 조금 크면 된다).

5. 두 손으로 컵과 원반과 화살표 주위를 감싼다.

6. 정신을 집중해서 화살표가 움직여 방향을 바꾸게, 특히 당신이 정한 숫자를 향하여 멈추도록 명령한다(이 실험에는 인내심이 필요하다. 빠른 결과를 기대할 수는 없기 때문이다).

이 실험의 성공 여부는 각자의 정신력에 따라 다르겠지만, 당신도 그 현상을 보면 틀림없이 놀랄 것이다. 어떤 사람은 이런 현상이 손의 열 때문이라고 하는데, 그렇다면 화살표가 명령하는 곳에 멈추는 것은 어떻게 설명할 수 있을 것인가?

만일 당신의 손이나 손가락에서 일종의 전기가 나오고, 그것에 동력파動力波나 자기파磁氣波 같은 종류의 파장이 있으며, 더구나 그것이 우리의 의식이나 무의식에 따라 이리저리 바뀐다면 그것은 바로 여러 가지 신기한 현상에 대한 적절한 설명이 될 것이다.

손을 대지 않고 테이블을 들어 올리는 것이라든가, 또는 아무 생각 없이 손이 저절로 움직여 글을 쓰는 것이나 그 외의 영매 현상이라든가 신비 현상의 설명이 가능해진다.

예일대학에서는 모든 생물은 스스로 발산하는 전류의 외기에 싸여 있다는 것을 실증했고, 듀크대학에서는 염력念力이나 그것과 비슷한 힘이 물체를 움직인다는 실험을 아직도 계속하고 있다. 이러한 사실을 받쳐 줄 만한 사례를 또 하나 들어보자.

웨스팅하우스 전기 회사의 필립 토머스 박사는 이렇게 말했다.

"우리가 어떤 일을 하거나 이야기를 할 때, 또는 무엇을 생각할 때마다 어떤 방사가 되고 있다. 우리는 이 방사를 전기라고 생각한다. 우리는 그것을 분석할 계획이다. 가까운 시일에 반드시 그 본체를 보게 될 것이다."

▶ 사고는 연못의 잔물결처럼 퍼져나간다

먼저 '사고의 방사'가 무엇인지 알아보자.

연못에 던진 돌멩이는 수면에 닿는 순간에 둥글게 퍼져 나가는 잔물결을 만든다. 뒤쫓아 생겨나는 물결의 고리는 끝없이 퍼져 나가다가 기슭에 닿으면 마침내 사라진다. 던진 돌이 크면 클수록 물결도 높고 크게 퍼져 나간다. 크기나 무게가 다른 두개의 돌을 서로 가까운 거리에서 동시에 던지면 둘 다 물결의 고리를 만들다가 한 지점에서 겹친다. 우리의 눈으로 보아 만약 두 물결이 같은 크기라면 그것은 만난 곳에서 멈추거나 섞여버린다. 그러나 한쪽 물결이 다른 물결보다 크면 큰 쪽이 작은 물결을 타고 넘어 퍼져나간다.

이것을 우리 마음을 파급하는 힘에 관련시켜 생각해 볼 수 있다. 강한 생각은 약한 생각의 파급을 멈추게 하거나 그것을 압도해 버린다. 더 강렬하고 집중된 생각은 빠르고 진동도 크기 때문에 그만큼 약한 진동을 밀어내고 더 빠르게 창조적인 일을 해나갈 수가 있다.

우리는 여러 단계의 사고, 즉 의식의 깊이, 생각의 집중도, 신념의 강약 등에 대해 많이 듣는다. 이것은 우리가 외부로 내보내는 힘의 농도나 강도를 말하는 것이다.

창조적 힘은 완성된 마음의 그림과 원숙한 사고가 있을 때에 생겨나는 것이다.

바꿔 말해서 완성된 마음의 그림이란 욕구의 목적물인 집이나 차, 라디오, 또는 그밖에 우리가 갖고 싶은 것의 그림을 마음속에 분명하게 볼 수 있는 것을 의미한다. 상상력을 이용하여 당신의 큰 야망을 달성한 모습을 영상화하여 마음에 그려보라. 그러면 마음의 힘은 활동을 시작하게 된다.

▶ 신념을 굳게 하고 삶을 살찌게 하는 지혜

- 외부의 장애는 인간의 굳센 정신에 아무런 방해가 될 수 없다. 그것이 인간을 나약하게 만들지는 못한다. 모든 장애는 힘을 더해 줄 뿐이다.

- 당신은 이 말을 많이 들었을 것이다.
"인생은 너무나 짧다." 또는 "인생은 화를 내며 살기에는 너무나 짧다, 악의를 품고 살기에도 너무나 짧다."
그러나 나는 이렇게 말하고 싶다.
"인생은 그러한 짐을 지고 살아야 한다면 너무나 길다. 필요 없는 짐을 진다면, 인생은 실제보다 더 길게 느껴질 것이다."

제 2 부

인간을 지배하는 위대한 힘

우리의 몸에는 우리가
모르는 어떤 능력이 잠자고 있다.
성공하고 싶은 욕망이 현재 의식에 있다면
그 능력이 잠에서 깨어나 우리를 성공시켜 준다.

잠재의식은 무엇인가?

신경 정신과 의사들에게는 프로이트가 저술한 책이 교과서처럼 되어 있다. 그는 다음과 같은 가설로 세계의 이목을 끌었다.

"우리 마음속에는 잘 알 수 없는 어떤 강력한 힘이 있는데, 그것은 지금으로서는 분명하게 밝혀지지 않은 부분이다. 그것은 의식하는 마음과는 별개의 것으로서 우리의 사상, 감정, 행동의 원천이 되고 있다."

이런 작용을 하는 마음의 부분을 어떤 사람들은 영혼이라고 하고, 어떤 형이상학자들은 이것이 존재하는 곳을 태양신경총太陽神經叢이라고 했다.

또 어떤 사람들은 그것을 초자아超自我, 내적인 힘, 무의식, 잠재의식 등 여러 가지 이름으로 부른다.

그것은 우리가 '두뇌'로 알고 있는 것과는 별개이며, 하나의 기관도 아니다. 즉, 신체적인 물질은 아니다. 과학자들도 아직 그것이 인체의 어디에 존재하는지 분명하게 밝히지 못하고 있다. 그럼에도 불구하고, 그것은 분명히 실재하며, 유사 이래로 인류는 그것을 의심하지 않았다.

앞에서 언급한 스위스의 패러셀서스는 그것을 '의지'라고 말하고 있다.

또는 어떤 사람들은 이것을 내부의 나직한 목소리라고 하여 양심이라고 불렀다. 옛 사람에게 있어서 이것은 영혼의 출현이요, 우리들 내부에서 작용하는 드높은 지혜요, 또 신의 목소리이기도 했다. 그리고 많은 사람이 인류나 동식물 등 모든 생물에 공통으로 우주의 마음이라고 하는 것의 존재를 믿었던 것이다.

나는 그것을 잠재의식이라고 하고 싶다. 그것은 인간 생명의 에센스이며, 그 능력의 한계는 아직도 다 알려지지 않고 있다. 그것은 잠시도 잠들지 않으며, 고난이나 위험이 닥치면 우리를 구하려 나타나고 절박한 상황의 위기를 경고해 준다. 그것은 거의 불가능한 일을 우리로 하여금 할 수 있게 한다. 잠재의식은 여러 방식으로 우리를 이끌어 주고 있다. 만일 당신이 이것을 제대로 이용한다면, 이른 바 기적을 만들 수 있다.

객관적으로 보아 그것은 시키는 대로 일을 한다. 즉,

의식(의지)이 명령하고 원하는 대로 움직인다. 그러나 주관적으로는 주로 스스로 생각해서 행동하는 것처럼 보인다. 어떤 때는 그 행동이 외부에서 받은 영향의 결과일 수도 있다. 어떻게 되었든 아직 그 실체가 명확하게 밝혀진 것은 아니다.

물리학자인 아서 에딩턴 경은 다음과 같이 말했다.

"정신은 한 덩어리의 원자 구조를 바꾸는 힘이 있다고 믿는다. 세계의 역사는 물리적인 법칙에 의해서 운명 지어지는 것이 아니라 원인과 결과에 따르지 않는 자유의사에 의해서 변화되는지도 모른다."

이를 연구하는 사람들은 잠재의식과 직접 접촉을 할 경우 얼마나 경이로운 일을 할 수 있는가를 잘 알고 있다. 수많은 사람들은 이 세상의 재물이나 권력, 명성을 얻으려고 먼 옛날부터 잠재의식을 활용해 왔다. 이와 같은 잠재의식을 당신도 활용할 수 있다.

▶ 인간을 지배하는 신비로운 힘

칼럼니스트로서 인기를 모았던 다나 슬리스가 내게 이런 편지를 보냈다.

"잠재의식은 참 놀라운 것입니다. 어째서 세상 사람들은 그것을 깊이 연구하고 활용하려고 하지 않는지 참으로 안타깝습니다. 내게 고난이 닥칠 때마다 그 도움을 받은 횟수는 이루 헤아리지 못할 정도입니다.

특종 기사에 관한 아이디어가 나무뿌리를 캐는 단순한 작업을 하는 도중에 문득 머리에 떠오르기도 합니다.

그리고 잃어버린 연장 같은 것을 찾아내기도 합니다. 아시다시피 이곳 농장에서는 무엇을 진짜로 잃어버리는 일은 없습니다. 어디에 잘못 놓았을 뿐이겠지요. 어디에 놓았든 찾게 마련입니다. 이렇듯 내 잠재의식이 말해 주어 찾은 연장이 얼마나 많은지 모릅니다.

나는 항상 사람의 이름을 잘 기억하지 못했습니다. 그러나 이름이 잘 생각나지 않는 남자나 여자의 모습을 눈앞에 그려놓고 그 얼굴 윤곽, 눈, 머리색, 옷맵시 같은 것을 생각하면 잠재의식은 그리 어렵지 않게 그것의 이름을 떠올려줍니다.

어디에서 이런 요령을 배우게 됐는지는 잘 생각이 나지 않습니다. 여하튼 어떤 이야기 줄거리나 사실이 생각나지 않을 때는 긴장을 풀고 머리를 세운 다음 오른손을 이마 위로 1, 2인치 올립니다. 그리고 어떤 때는 눈을 감고, 어떤 때는 허공을 물끄러미 쳐다봅니다. 그러면 이 간단한 동작들이 기억을 되살려 줍니다.

발명, 작곡, 시, 소설 등 모든 독창적인 작업의 아이디어는 무의식에서 온다는 것을 잊어서는 안 됩니다.

잠재의식에 사고의 자료를 주면서 강한 욕구를 말하

고 하고 싶은 대로 하도록 내버려두십시오. 그러면 성과가 있을 것입니다.

우리가 한 순간이나마 세상의 번거로움에서 벗어나 자연과 가까이하면 잠재의식을 활용하는 데에 누구보다도 좋은 입장에 있게 됩니다. 나는 언젠가는 잠재의식의 커다란 위력이 우리의 생활을 이루고, 또 우리를 지배하는 가장 위대한 능력이라는 것을 과학이 증명해 줄 것이라고 굳게 믿습니다."

▶ 신념의 힘은 마력과 같다

머릿속을 지나가는 순간적인 번득임을 섬광 같다고 한다. 하지만 그것을 주워 모아 하나의 힘으로 삼을 수는 없다. 그러나 잠재의식은 하나의 커다란 도구로서, 그것으로 하여금 활동하게 하는 것은, 머릿속을 떠나지 않는 하나의 생각이다. 이는 곧 마음속에 고정된 하나의 분명한 그림이다.

잠재의식의 힘을 동원하기 위해 사고의 속도를 높이는 방법에는 여러 가지가 있다. 그러나 어떤 때는 단 한 마디의 말, 또 한두 마디의 대화, 때로는 그에 따르는 눈짓 등에 의해서도 잠재의식은 활동을 시작한다.

또 큰 재난이나 위험이 닥쳤을 경우, 혼자든 남과 함께든 금방 무슨 행동을 해야 할 때 잠재의식은 즉시 움직여 준다. 순간적으로 결단을 내릴 수 있도록 도와

주는 것이다. 그리고 여러 가지 복잡하고 잘못된 생각들을 자신의 의식에서 모조리 씻어버렸을 때 잠재의식은 활동을 한다.

깊은 생각에 잠기는 것도 잠재의식이 활동하게 하는 하나의 방법이다.

잠재의식을 활용하는 가장 확실한 방법은 마음의 그림을 그리는 일이다. 생각을 움직여서 바라는 물건이나 지위를 실제로 가지고 있는 것처럼 완전하게 그려서 바라보는 일이다.

그러나 가장 오래 지속되는 효과는 신념에서 생긴다.

기적과, 뭐라고 설명할 수 없는 현상이 일어나는 것은 신기한 힘을 가진 이 신념의 힘에 의해서이다.

여기서 말하는 신념이란 깊은 곳에 뿌리를 내린 신앙 즉, 당신의 몸 각 부분에 스며드는 적극적이고 확고한 신앙을 말한다.

그것을 감정의 고조라고 하든 영적인 힘이라 하든, 그 신념의 힘은 끌어들이는 작용으로 마침내 엄청난 성과를 얻게 만든다. 이 신념은 마음의 템포나 사고의 주파수를 바꾸고, 잠재의식의 힘을 끌어당겨 작용시키며, 당신의 몸을 둘러싼 영적인 힘을 변용시켜 주위의 모든 것에 영향을 끼친다. 혹은 먼 곳에 있는 사람이나 물건까지도 의지대로 움직일 수 있다.

당신이 살아가는 환경에 꿈에도 생각지 않은 놀라운 변화가 생기는 것이다.

성서에는 그런 것에 대한 이야기가 수 없이 많다. 많은 종교단체, 또는 정치적 집단에서도 가입의 첫 조건으로 신념을 요구한다. 이처럼 어디에서나 신념을 필요로 하고 있는 것이다.

왜냐하면 강한 신념을 갖고 있는 사람이야말로 가끔 기적적인 일, 우리가 흔히 '믿을 수 없는 일'이라고 부르는 일을 곧잘 해내기 때문이다. 그런 신념은 마력과 같은 힘을 가지고 있다.

▶ 신비롭고 범상치 않은 능력

미술가, 과학자, 문필가들은 자기 분석을 하지 않더라도 잠재의식이 얼마나 중요한지 잘 알고 있다.

예술가 중에 흔히 영감(靈感)이라는 잠재의식의 출현을 경험하지 않은 사람은 없을 것이다. 프랑스의 심리학자 G. 켈레는 "잠재의식과 현재의 의식이 잘 조화되면 인생에 있어서 최대의 성공을 거둘 수 있다."고 말했다.

내가 잠재의식의 커다란 가능성에 대해서 처음으로 흥미를 느끼게 된 것은 토머스 허드슨의 <심리현상의 법칙>을 읽은 뒤였다. 그 책에는 '잠재의식은 일상생활에서 어떻게 인간을 돕는가?'라는 글이 실려 있었다.

참고로 그런 종류의 책들을 소개하면, 어너페릴 그레이브와 폴 페릴의 <잠재의식은 말한다>, 시어도러 클린톤푸트의 <힘의 근원>, 모던 프린스의 <무의식>, 그리고 핸버리 핸킨의 <상식과 그 문화> 등이다.

당신에게 현재의식과 잠재의식의 그림을 그리게 하는 나는 이 두 가지 의식의 관계와 기능에 대한 최근의 연구와 이에 맞추어서 설명 하고자 한다.

사람의 몸에는 발달이 되었든 안 되었든 우리가 모르는 어떤 능력이 잠자고 있다. 성공하고 싶은 욕망이 사람의 현재 의식에 있다면 그 능력이 잠에서 깨어나 사람을 성공시켜 준다.

그 능력이 신비롭고 범상치 않음은 옛날부터 인정되어 왔다. 그러나 심리학자들이 그것을 특별한 연구와 실험의 대상으로 삼고 그것을 잠재의식이라 이름 지은 것은 불과 1세기 반 정도 전의 일이다.

▶ 되풀이하는 것이 최상의 방법

이 책을 통해 나는 내가 어떻게 잠재의식을 사용하였으며 나에게 이롭게 했는지, 그 방법과 기술을 당신에게 알려주고 싶다. 그리고 연구가 거듭됨에 따라 당신은 나의 방법 이상으로 당신에게 특히 잘 맞는다고 생각되는 방법을 알아낼지도 모른다.

혹은 당신 스스로 새로운 방법을 찾아내는 것도 불가능하지는 않다. 그러나 나의 충고를 들어 보라. 당신에게 효과가 있다고 생각하더라도 어떤 방법이든지 가볍게 생각하지 않는 것이 좋다. 당신은 효과를 구하는 것이지 방법을 찾는 것이 아니니까…….

마음과 그것의 다양한 변화, 혹은 조작(操作), 한편으로는 불가사의한 충동 등, 구체적으로 관찰할 수 없는 추상적인 분야의 연구는 어느 한쪽으로만 보지 말고 여러 방면에서 관찰해야 한다.

우리들은 그 영역 내의 일을 여러 번 되풀이하면서 조사해야 한다.

우리의 사고를 분명하게 인식하고, 이것의 주제를 자기의 것으로 만들어 잠재의식이 마침내 우리를 위해 작용하기까지 자기 자신을 연마하는 방법은 거듭 되풀이하는 것만이 유일하다.

이와 같은 연구는 아마 당신에게 있어서도 처음 일일 것이다. 그러므로 우리들의 주제를 발전시키고, 희망을 이루는 방법을 현실화할 때까지 많은 시간을 투자해야 한다.

▶ 잠재의식을 활용시킨 여배우

모든 사람의 몸 안에는 그 사람을 성공시킬 수 있는 재능이 잠자고 있다. 단지 그 재능이 사람에 따라 발휘가 되느냐 안 되느냐의 차이가 있을 뿐이다.

여기서 한 젊은 여배우 A. 란즈베리를 인터뷰한 어느 잡지의 기사를 인용하고자 한다. 그녀는 자기의 성공은 오직 잠재의식의 덕분이라고 믿고 있었다.

란즈베리 : 나는 마술적이나 신비적이라고 말할 생각은 없습니다. 그러나 나는 잠재의식이라는 큰 힘을 활용하는 방법을 알았다고 생각합니다.

기자 : 어떤 방법으로 잠재의식을 끌어내어 사용하는지요?

란즈베리 : 어려운 질문이군요. 하지만 내 방법은 간단해요. '내 몸 안에는 무한한 창조력이 있다'는 말을 되풀이해서 나 자신에게 들려주는 것입니다. 단지 이렇게만 할 뿐이고 별다른 것은 없어요.

이 방법은 적어도 란즈베리 양에게는 적합했다. 그리고 이 방법만으로도 당신은 성공할 수 있다. 그러나 지금부터 내가 설명하는 다른 몇 가지 방법을 함께 활용한다면 당신은 틀림없이 대성할 것이라고 확신한다.

지금 당신은 무엇인가를 이루고 싶을 것이다. 그것은 어쩌면 눈앞에 당면한 하찮은 일일지도 모르고, 혹은 어떤 커다란 목표에 대한 강한 야망일지도 모른다. 당신의 희망이 어느 것이든 그 중의 하나든, 양쪽 다든 이룰 수 있는 분명한 기회가 있게 마련이다.

당신은 '나는 반드시 성공한다'고 당신 자신에게 말하라. '성공한다'고 자신에게 다짐을 하면 할수록, 당신은 모든 것을 적극적으로 밀고 나갈 '확신'이 생길 것이다. 그러면 당신은 성공의 첫 발을 내디딘 셈이다.

<잠재의식은 말한다>의 저자도 "우선 성공에 대한 욕구가 마음속에 가득해야 한다."고 말하고 있다.

당신이 장래를 위한 목표가 무엇이든, 먼저 당신의 마음에서 성공을 간절히 바라지 않는 한, 당신의 잠재의식은 절대로 당신의 목표를 실현시켜 주지 않는다.

▶ 마음의 힘은 예전부터 존재했다

이 불가사의한 능력을 가진 잠재의식이, 그 사람이 마음에 두고 있는 목표를 실현시켜 준다는 사실을, 일부 사람들은 이미 알면서 활용해 왔다. 이 신기한 마음의 능력에 대해서는, 인류의 역사가 있어 온 초기부터 많은 사람들이 말이나 행동으로 보여준 것이다. 그럼에도 불구하고, 불과 백 년쯤 전부터 어렵게 그 힘에 대한 연구와 실험이 시작되어, 그것을 '잠재의식'이라 부르게 된 것이다.

철학자 에머슨은 인간의 마음이 양면(兩面)으로 구성되어 있다는 사실을 알아내고 다음과 같이 말했다.

"나는 마음의 한 상태가 또 다른 하나의 상태를 기억하지도, 생각하지도 못한다는 사실을 알아냈다. 나는 1년 전에 시를 한 편 썼는데, 그 시를 쓴 일이나 수정한 일이 전혀 생각나지 않을 뿐 아니라, 지금 다시 쓰려 해도 쓸 수 없다. 그 시를 내가 썼다는 증거는 그것이 내 필적이란 사실과, 그 사본을 몇 명의 친구에게 주었다는 외적인 증거가 있을 뿐이다."

오늘날 우리들은 '의식'과 '잠재의식'이란 말을 아무렇지 않게 사용하지만, 그 구분이 과연 어떤 것인가에 대한 명확한 지식은 가지고 있지 않다. 단지 막연히 마음에는 두 의식이 있다는 사실을 알고 있고, 그것들은 각각 뚜렷하게 다른 성질과 힘을 가지고 있다고 생각할 뿐이다.

시험 때 벼락공부를 오래 하면 머리가 아프다. 이럴 때 작은 얼음 조각을 관자놀이에 대고 있으면 두통이 가시고 기분도 상쾌해진다. 또 너무 오랜 시간 자동차 운전을 하면 두뇌는 졸음을 청한다. 그런데도 억지로 운전을 하면 두뇌의 작용이 정지하게 되어서 불행을 초래하게 된다.

장기나 바둑을 두는 사람을 잘 관찰해 보라. 그들은 어려운 국면에 처하면 정신을 집중시킨 다음에는 눈을 감고 손으로 머리를 짚는다. 이것은 그의 두뇌가 휴식하고 싶다는 신호이다.

당신이 어떤 해결하기 어려운 문제로 고심하다가 잠자리에 들었다고 하자. 당신은 좀처럼 잠을 이루지 못할 것이다. 마음의 의식이 다급해져서 잠들지 못하게 하는 것이다. 그러다가 당신은 너무 지쳐서 문제 해결의 노력을 포기해버리고 잠 속에 빠져들게 된다.

이때, 당신의 잠재의식은 그 누구도 이해할 수 없는 방법으로 당신을 도우려 나타나는 것이다. 긴장을 풀고 잠에 빠지면, 잠재의식이 그 뒤를 맡아서 처리해 준다. 그래서 다음날 아침에 눈을 뜨면, 그처럼 어렵게 생각되던 문제가 거뜬히 해결되는 일이 가끔 있다.

문제 해결의 방법은 청사진처럼 뚜렷이 마음에 그려져 있어서 언제라도 그릴 수 있게끔 준비되어 있다. 그렇다면, 당신이 할 일은 잠재의식이 사고의 형태로 그림으로 그려준 것을, 행동을 통해 구체적인 모양으로 바꾸어 놓는 것뿐이다.

▶ **잠재의식의 신비로운 힘**

이와 같은 사고의 능력은 도대체 어디서 생겨나는

가? 당신이 곤히 자고 있을 때, 당신이 의식하는 마음 속의 욕구를 해결해주는 잠재의식의 힘은 과연 어디에 존재하고 있는가?

우리들이 알고 있는 것은, 그와 같은 힘이 어디엔가 틀림없이 존재한다는 사실이다.

'아침에 일어나니 문제가 해결되었다'고 하는 결과, 즉 의식하는 마음이 지시한 명령이 실행되었다는 사실로 잠재의식의 힘이 존재한다는 것은 분명하다.

잠재의식 속에서 문제의 해답을 끌어낼 수 있는 것은 잠든 때나 잠에서 깨어났을 때에만 국한되는 것은 아니다. 경우에 따라서 그 해답이 며칠이 지나도 나타나지 않기도 한다. 그러나 그것은 어느 사이에 잠재의식에 의하여 조율되어, 어느 날 갑자기 마음의 의식 속에 나타나기도 한다.

작가나 작곡가, 발명가와 같은 독창적인 일에 종사하는 사람들 중에는 잠재의식의 힘을 알고 그것을 기술적으로 활용하는 사람이 많다.

혹은 그 스스로가 이 사실을 깨닫지 못하고 '이 일은 잠시 미루고 뒤에 다시 해 보기로 하자' 이렇게 중얼거릴 수도 있는 것이다.

그러면 그 일에서 손을 놓았다가(그의 의식이 손을 놓는 것이다), 잠재의식이 그것을 다시 의식의 표면으로 되돌려 주기를 기다리는 것이다.

의식적으로 잠재의식의 힘을 이용하는 사람도 물론 많이 있다.

예를 들면, 미국의 작가인 그롬필드 같은 경우이다. 그는 다음과 같이 말한다.

"내가 전에 많은 문필가들과 함께 한 발견 중에서 가장 유익한 것은 우리들의 마음 한 부분에 심리학자들이 말하는 잠재의식이라는 부분이 있는데, 그것은 우리가 잠을 자는 동안이나, 휴식을 취하면서 생각 없이 있을 때, 혹은 글을 쓰는 일에서 떠나 다른 일을 하고 있을 때에도 맹렬하게 활동하고 있다는 사실이다."

▶ 의식적인 마음을 떠나 다른 일을 하라

이와 같이 의식하는 마음이 어떤 일을 잠재의식으로 하여금 해결하는 수단으로써, 다른 육체적인 일을 하는 것이 유익할 때가 많다.

산책을 하면서 눈에 보이는 것을 관찰하거나, 정원을 손질하며 그 일에 열중하는 것도 좋다.

다시 말하면 해결하고자 하는 문제를 의식하는 마음에서 없애버리는 것이다. 의식하는 마음을 떠나서 어떤 다른 일을 하도록 한다.

그롬필드는 이어 이렇게 말한다.

"나는 마음의 잠재의식을 훈련시켜서 아주 체계적인 일도 맡길 수 있다는 사실을 알았다. 가끔 기술적인 문제나 소설의 줄거리, 또는 작품 속의 인물에 관해서 오랫동안 고민할 때가 있는데, 어느 날 아침에 눈을 뜨면 문제의 착상이 떠오른다. 내가 잠자는 동안에 모든 문제가 저절로 해결된 것이다."

그는 한 걸음 더 나아가 잠재의식이란 과연 무엇이며, 어디에 있고, 어느 정도 신빙성이 있는가 하는 흥미로운 문제를 연구해서 다음과 같이 결론짓고 있다.

"잠재하는 마음의 판단 능력은 유전되는 본능이나, 자신의 경험의 축적이 사실상 틀리는 일이 없다. 그래서 나는 항상 그것을 신뢰한다. 나는 의식하는 마음이 오랫동안 심사숙고하여 내린 결정보다는 오히려 잠재된 것을 더 신뢰하고 있다."

그롬필드의 이론 가운데 "유전된 본능이나 경험의 축적이 잠재의식의 영역 안에 있다"는 말에 전적으로 동감한다. 나는 여기에서 한 걸음 더 나아가 이 힘의 근원에 대한 나의 이론을 밝히고자 한다.

▶ 하나의 실험

여기에 실험이 하나 있다.
우선 세 사람이 세 가지 빛깔의 종이쪽을 하나씩 만

든다. 종이의 빛깔은 선명한 색깔로 하고, 가로 3센티미터 세로 10센티미터 정도가 알맞다. 첫 번째 사람은 눈을 감고, 두 번째 사람은 세 장의 종이쪽을 부채 모양으로 펴서 손에 쥔다. 세 번째 사람은 종이쪽 중 어느 하나에만 손을 댄다.

그리고 첫 번째 사람은 눈을 감은 채 세 번째 사람이 손을 댔던 종이쪽을 알아맞히는 것이다. 이 때, 즉시 육감으로 맞히는 것이 좋다. 순간적으로 고른 것이 맞을 확률이 높기 때문이다. 이 실험은 잠재의식의 활동을 이용한 것이다. 주저하다가 의식하는 마음으로 말하면 맞을 확률은 3분의 1밖에 되지 않는다.

이 실험을 몇 번 반복해보면, 그 대답이 적중되는 것에 당신도 놀라게 된다. 즉, 한 사람의 잠재의식이 다른 두 사람의 잠재의식에서 오는 암시暗示에 끌리게 되어, 세 사람의 잠재의식이 서로 통하게 되는 것이다. 이 때, 종잇조각을 갖고 있는 사람은 그것에 자신의 모든 주의력을 집중시켜야 하고, 눈을 감고 있는 사람은 가리키는 종잇조각을 틀림없이 맞힐 수 있다는 강한 신념을 가져야 한다.

이 놀이 같은 실험을 신념 없이 장난삼아 해서는 안 된다. 당신은 지금 사고의 전달이라는 현상의 진위眞僞를 실험을 하고 있는 것이다.

▶ 의식과 잠재의식

우리들은 두 개의 마음을 가지고 있다. 하나는 머리로 생각하고 의식하는 마음으로 의식 선상에 있고, 다른 하나는 그 아래에 있는 잠재의식이다. 그리고 이 두 개의 마음은 한 줄기의 가는 관으로 연결되어 있다.

잠재의식이 있는 곳을 심장이라고 생각하든, 폐라고 생각하든, 혹은 갈비뼈 근처의 공간에 떠 있는 것으로 생각하든 그것은 아무래도 상관이 없다. 중요한 것은 잠재의식이 실제로 존재함을 믿는 일이다. 그리고 잠재의식은 의식하는 마음과 연결되어 있다는 것과, 마치 당신의 심장이 당신이 자는 동안에도 쉬지 않고 활동하듯이, 잠재의식도 잠시도 쉬지 않고 당신이 태어나서 죽을 때까지 계속해서 활동하고 있다는 것을 믿어야 한다.

심장의 고동은 의식하는 마음에 따라 빠르게 혹은 천천히 박동한다. 우리들은 체험으로 그것을 알고 있다. 이와 마찬가지로 의식하는 마음은 잠재의식의 활동을 좌우할 수 있다.

어떤 그림을 그리든 그것은 문제가 아니다. 어떤 그림이라도 그린다는 것이 중요할 뿐이다. 잠재의식이 존재한다는 것을 확신하고, 의식하는 마음이 잠재의식을 원하는 대로 활용할 수 있다. 또한 그것이 당신의 희망을 실현시켜 준다는 사실을 굳게 믿어야 한다.

▶ 의식하는 마음의 중요성

　의식하는 마음을 낮게 평가해서는 안 된다. 왜냐하면 사고의 근원은 의식하는 마음에서 비롯되기 때문이다. 의식하는 마음은 우리들이 평상시에 일어나는 일을 알려준다. 자신의 모습과 현재 서 있는 위치를 각성하는 지식 등이 그것이다.

　의식하는 마음은 우리들의 환경을 인식하고 그것을 이해한다. 우리들의 정신 능력을 통제하고, 과거의 일을 회상하고, 감정이나 그 의미를 인지하는 것도 의식하는 마음의 작용이다.

　좀 더 구체적으로 말한다면, 마음의 의식은 우리들 주위의 물체나 사람들을 알아보게 해줄 뿐만 아니라 성공이나 실패, 논쟁의 옳고 그름, 예술품의 가치 등을 알려준다. 그렇기에 잠재의식의 중요성을 너무 강조한 나머지 의식하는 마음을 낮게 평가해서는 안 된다는 것이다.

　의식하는 마음의 중요 기능은 추리, 논리, 인식, 판단, 계산, 양심, 도덕 등이다. 이것은 의식하는 마음을 연구하며 찾아낸 결과물이다. 사람에 따라서는 양심은 오히려 잠재의식 쪽이라고 생각할 수도 있다. 또한 도덕성에 대한 자각은 뱃속에서 우러나는 것으로 언제나 의식하는 마음에만 있는 것은 아니라고 생각할 수도 있다.

나는 그 생각에 굳이 반대하지 않는다. 실로 의식하는 마음과 잠재의식의 연관성은, 단정적으로 어느 것이 이쪽에 속하고, 다른 것은 저쪽에 속한다는 식으로 구별할 수는 없는 문제이다.

그러나 의식하는 마음이 하는 일로 우리에게 가장 유용한 것은 주변의 객관적인 세계를 인식하는 일이다. 그리고 그 인식에 사용하는 기관이 오감五感이다.

의식하는 마음은 육체의 필요에 의해서 생기므로, 물질적 환경과 싸워야 하는 생활에서 우리를 인도한다. 의식하는 마음의 최상의 기능은 추리推理인데, 귀납歸納하고, 추론推論하고, 분석分析하고, 종합하는 등 모든 방법을 동원할 수 있기 때문이다.

▶ 추리의 사례

한 예를 들어보자. 당신의 딸이 음식을 먹으면 종종 식중독으로 고생한다. 그러면서도 병원에 가는 것은 항상 마다한다. 그럴 경우 당신은 어떻게 할 것인가? 당신은 먼저 귀납적 추리의 힘을 작용시켜 딸이 무엇을 하루에 몇 번, 어느 정도 먹는가에 주의할 것이다. 그래서 끈기 있게 찾으면 딸이 괴로워하는 원인을 발견할지도 모른다. 추리의 힘으로 그런 결론에 도달하는 것이다.

당신은 감각이 제시하는 여러 종류의 정보 자료를 비교하여 비슷한 것과 비슷하지 않은 것을 선별하고 분석한다. 그리고 총괄적인 결론을 내리게 된다.

다음은 달리 생각해본 예이다.

현재 당신은 영문과 4학년에 재학 중이며 졸업 논문을 쓰고 있다. 예를 들어 논문의 제목은 〈셰익스피어의 시에 관한 고찰〉이다. 그러자면 당신은 셰익스피어의 시들을 많이 읽고 거기서 어떤 특성을 잡아내야 한다. 그리고 그것을 정리해서 당신의 이론을 실증적으로 제시해야 한다.

그러기 위해서 당신은 의식하는 마음의 분석력이나 날카로운 관찰력에 의존할 것이다. 그러나 무조건 책을 열심히 읽는 것만으로는 미흡하고, 치밀하게 추리된 결론을 엮을 능력이 필요하다.

이러한 일은 의식하는 마음이 맡은 일을 함으로써 완성되는 것이다.

잠재의식의 작용

만일 당신의 의식하는 마음이 어떤 결정을 내리지 못하고 망설이기만 한다면, 이럴 때야말로 잠재의식의 응원을 바랄 때인 것이다.

당신이 아직 학생이고 이번 여름에 아르바이트를 해서 2학기 등록금에 보태야 할 처지라고 가정하자. 동시에 학원에 다니며 아직 부족한 영어를 공부하여 장차 사회생활에 도움이 되도록 하는 것이 좋겠다고 생각하고 있다. 당신은 이 두 가지 중에 어떤 것을 먼저 할지 결정을 내리지 못하고 있다.

이 같은 경우, 어느 편이 좋은가 하는 결정은 잠재의식에게 맡기는 편이 좋다.

혹은 당신이 졸업생으로 취직자리가 두 군데 있는데 어느 쪽을 결정해야 할지 몰라 망설이고 있을지도 모른다.

이런 경우에는 당신은 우선 이 두 가지 길에 대한 여러 가지 자료를 수집해야 한다. 그리고 의식하는 마음을 이용해서 그 자료들을 차례대로 배열하여 분석하는 것이다. 그리고 분석이 잘못되지 않았나를 확인한다. 그런 다음 결정은 잠재의식에 맡기면 된다. 의식의 힘으로 더 이상 숙고하는 일이 없도록 한다. 잠재의식은 결정할 일에 대한 결론을 내려서, 조금도 의심할 여지없는 해결책을 당신에게 알려줄 것이다.

또 당신은 어엿한 사회인이 되었지만 모든 것이 뜻대로 안 돼 절망하고 있을지도 모른다. 만약 그렇다면 당장 그런 약한 생각은 버려야 한다. 당신의 소중한 잠재의식이 그런 부정적인 생각의 영향을 받지 않도록 해야 하기 때문이다.

나 자신을 확실하게 믿는 강력한 잠재의식만이 어려운 문제에 부딪쳐도 능히 그것을 극복할 수 있다.

당신은 고개를 높이 들고, 어깨를 쭉 펴고, 힘찬 걸음으로 승리의 콧노래를 불러야 한다. 신념이야말로 모든 성공의 열쇠이다.

▶ 힘의 근원

의식하는 마음이 사고의 뿌리인 것처럼, 잠재의식은 힘의 원천이며, 삶에 있어서 위대한 원동력의 하나이다. 잠재의식은 위대한 실존물이다. 잠재의식은 본능에 그 뿌리를 두고 있다. 때문에 가장 근본적인 욕구를 파악하는데 있어서 의식하는 마음과는 비교도 안 된다.

'자기 자신을 속인다.'

흔히 우리가 쓰고, 듣기도 하는 말이다. 이 말처럼 의식하는 마음은 자신의 인간성이나 동기, 의도 등을 속일 수가 있다. 어쩌면 당신도 양심의 가책이 되는 일을 저질러 놓고 그것을 변명하고 합리화 해버린 뒤, 떳떳한 체했던 경험이 있을지도 모른다.

이러한 조작을 심리학자들은 '합리화의 조작'이라고 하는데, 의식하는 마음에는 이런 조작을 할 수 있는 소지가 다분히 있다. 그러나 잠재의식은 어떤가? 잠재의식은 절대로 자신을 속이지 않는다.

우리들이 받는 인상은 하나도 빠지지 않고 우리들의 잠재의식 속에 그대로 저장된다. 예를 들어 붉게 물든 저녁놀을 보며 아름답다고 생각했다고 하자. 잠재의식은 그와 같은 마음의 반응을 받아들여서 그대로 저장한다. 그랬다가 언젠가 그것이 필요하다고 하면 고스

란히 되돌려 주는 것이다.

 좋은 사람이나 싫은 사람, 믿는 사람이나 믿지 않는 사람을 만났을 때에도, 잠재의식은 당신에게 그에 대한 인상을 고치도록 주의를 촉구해 준다.

▶ 기억의 창고

 잠재의식은 기억의 창고다. 의식하는 마음이 끊임없이 보내는 많은 사례나 경험의 기록을 보관하고 있다. 그리고 그것을 소중하게 보관했다가, 언제든지 당신이 그것을 필요로 할 때 고스란히 돌려준다.

 이와 같이 잠재의식은 의식하는 마음을 위해서 모든 자료를 필요로 할 때는 언제든지 사용할 수 있게 보관하는 저장고일 뿐만 아니라, 한편으로는 에너지원의 역할을 하고 있다. 당신이 몹시 지쳐 있을 때 충전을 해주는 것도, 공포에 떨 때 용기를 내게 해주는 것도, 또 실의에 빠져 있을 때 자신감을 갖도록 그 힘을 북돋아주는 것도 이 모두가 잠재의식의 힘인 것이다.

▶ 웅장한 방송국

 잠재의식은 또 한 가지 중요한 역할을 한다. 잠재의식은 우리 개개인의 몸 안에 존재한다. 그러면서 그것은 시간과 공간을 초월하여 무한대로 존재한다. 잠재의식의 작용은 마치 넓은 지역에 중계되는, 송신과 수신의 강력한 기능을 완벽하게 갖춘 방송국과 같은 것이다.

우리들은 잠재의식을 통해서 육체적, 정신적으로도 교감交感할 수 있다. 심지어 영적靈的인 세계와도 교감할 수가 있다고 한다. 잠재의식의 연구자들 중에는 한 걸음 더 나아가서 과거나 현재, 미래와도 교감할 수 있다고 주장하는 사람도 있다. 하여튼 우리들이 현재 알고 있는 것은, 잠재의식은 위대한 힘을 갖고 있어서 우리들이 요구만 하면 어떤 것이라도 공급해 준다는 사실이다.

잠재의식은 우리가 지금까지 생각해 온 것보다 훨씬 강력한 힘을 갖고 있다. 이 강력한 힘에 대한 사고방식과 확신이 더하면 더할수록, 우리들이 얻는 성과도 커진다. 그러므로 당신은 당신의 인생에 있어 커다란 꿈을 설계해 놓고 확신을 갖기만 하면 된다.

▶ **잠재된 힘은 쓸수록 커진다**

에머슨은 본능이란 뛰어난 특성을 가지고 있다고 했다. 미루어 보건대, 그가 말한 본능은 분명 잠재의식을 가리키는 것이다.

그는 이렇게 말하고 있다.

"사고나 행동의 진정한 지혜는 모두 본능에서 나온다. 그 지혜가 우리에게 오기까지는 시간이 조금 걸리겠지만 참고 기다리는 것이 현명하다. 그리고 본능을 인생의 모든 경우에 활용하는 것은 아주 현명한 일이다. 모든 경우에 먼저 본능의 지시에 따르는 습관을 길러야 한다. 또한 본능의 힘은 사용하면 할수록 커진다."

위의 말처럼 우리가 이용할수록 본능의 힘은 커진다. 이 세상에서 본능의 힘을 다 써본 사람은 아마 한 사람도 없을 것이다. 그만큼 본능, 즉 잠재의식의 능력은 거의 무한대인 것이다.

잠재의식이 갖고 있는 특성은 직감, 감정, 확신, 영감, 암시, 추리, 상상, 조직력 등이며 기억력과 추진력은 기본적인 것이다. 당신이 잠재의식을 활용하는 능력이 증가하고, 그 원리를 알수록 위에서 말한 특성들 이외에도 추가할 항목이 늘어날 것이다.

▶ 초능력을 가진 잠재의식

잠재의식의 능력은 언제나 나를 놀라게 한다. 잠재의식은 내 신체의 감각을 초월해서 인식하기도 한다. 즉, 내가 모르는 것을 잠재의식은 알고 있는 것이다.

그리고 주목할 것은 잠재의식은 의식하는 마음이 활동을 정지하고 있을 때 가장 효과적으로 활동하여 그 최상의 임무를 다하는 것이다.

▶ 생명을 지키는 잠재의식

내 경험에 비추면, 잠재의식은 세 가지 중요한 기능을 가지고 있다.

첫째, 잠재의식은 육체의 욕구를 직감적으로 감지해서, 육체의 건강과 존속을 의식하는 마음의 힘을 빌리지 않고 유지하고 보호한다. 우리의 건강이 상상할 수 없을 정도로 잠재의식의 수중에 깊숙이 존재한다는 사실을 아는가?

어쩌면 당신은 잠재의식에게 그런 강력한 능력을 주고 싶지 않을지도 모른다. 그러나 당신이 그 본래의 능력을 제지하려 해도 잠재의식은 – 의식하는 마음이 현실에 손을 대지 않는 한 – 당신의 건강을 유지할 수 있고, 또 유지하고 있는 것이다.

▶ 잠재의식은 생명을 구한다

둘째, 잠재의식의 두 번째 기능은 당신이 위기에 직면했을 때 당신을 도와준다. 그럴 경우에 잠재의식은 주저하지 않고 즉각 행동을 개시하여, 당신의 의식하는 마음과는 별개로 최고의 지휘를 하게 된다. 믿어지지 않을 정도로 확신을 가지고 신속 정확하게 움직이는 것이다. 그래서 당신의 생명을 구한다.

예를 들어 만약 당신이 아프리카 정글 속에서 낮잠을 자고 있을 때 사자가 나타났다고 하자. 그 사자가 당신의 주변을 돌고 있는데 놀란 나머지 갑자기 눈을 뜨고 벌떡 일어난다면, 그것은 매우 위험한 짓이다.

이런 경우야 말로 잠재의식이 활동을 시작하는 것이다. 움직이면 위험하다는 것을 잠재의식은 너무도 잘 알고 있다. 많은 동물이 위기에 몰리면, 죽은 듯이 꼼짝 않는 것도 이와 같은 본능의 작용인 것이다.

▶ 잠재의식은 생명에 활력을 넣어준다

셋째, 잠재의식의 세 번째 기능은 정신력이 움직이는 세계라는 것이다. 이것은 우리에게 아직 깊이 탐구되지 않은, 연구 자원이 풍부한 분야이다. 잠재의식의 위력은 거의 무한대라고 해도 과언이 아니다. 이 능력을 믿고 잘 활용하기만 하면, 우리는 무진장의 광맥을 발굴해 낼 수 있다. 그렇게 되면 우리의 생활은 보다 윤택해지고 바라던 행복도 얻을 수 있다.

텔레파시(정신감응)나 클레어바이언스(투시) 등에 대

해서도 많은 과학자들이 만족할 만한 증명을 하고 있다. 따라서 이러한 힘의 활용 즉 의식하는 마음이 중대 문제를 해결하는데 잠재의식으로부터 도움을 얻고 그것에 의존하게 되는 것은 아마도 잠재의식에 그런 영적인 힘이 있기 때문일 것이다.

이 책의 중요 주제들도 거의 이 세 번째 기능과 관계된다. 일상의 과정을 넘어서 성공을 가져다주는 사건들은 잠재의식의 영적인 힘의 영향이라 할 수 있다.

이 현상에 나의 관심은, 그것을 필요에 따라서 실질적으로 응용하는데 있다. 나는 이 기술을 사용하면 틀림없이 성공한다는 사실을 알게 되었고, 그 성과를 보여줄 수도 있다. 이러한 기술과 방법을 알려주려는 뜻도 여기에 있다.

▶ 세심하게 신경을 써라

당신은 이제 당신의 성공을 위하여 잠재의식을 유익하게 활용하고 싶을 것이다. 그러나 여기서 한 가지 주의해 둘 것이 있다.

그것은 이 잠재하는 마음의 자원을 끌어내어 그것을 활용하려면, 당신의 것이 되어도 좋은 정당한 것만을 요구해야 한다는 점을 잊어서는 안 된다.

예를 들면 이미 누가 하고 있는 일을 자기도 하고

싶을 경우, 더구나 그 사람은 아무 결점 없이 훌륭히 그 일을 하고 있는데 그것을 빼앗으려 한다면, 당신의 소망은 이루어지지 않는다. 이때 당신의 잠재의식은 말을 듣지 않을 뿐만 아니라, 되레 당신에게 벌을 주려고 할 것이다.

당신의 잠재의식을 움직일 수 있는 것은 당신 자신만이 아니다. 잠재의식 자체가 스스로 행동을 해서, 당신을 벌할 수 있는 것이다. 당신의 욕구는 항상 정당한 것이어야만 한다.

당신이 잠재의식과 마주 할 때 당신의 마음은 항상 깨끗해야 한다. 그것은 또 다른 사람과 마주 앉는 경우와 마찬가지이다. 다음의 말을 명심하라.

헛된 이기심은 성공을 잡지 못한다. 이기심은 당신 자신을 파멸시킬 뿐이다.

▶ 정당한 욕망을 가져라

우선 당신의 욕구가 정당한지 의식하는 마음의 온 힘을 다하여 검토해 보라. 당신이 총력을 다 할 목표가 바로 당신을 위해서 정당한 것인가, 또 그 일이 당신의 역량으로 해낼 수 있는가 잘 검토하고 확인해야 한다.

만일 당신이 노래 공부를 한 적도 없고, 오페라 음

악에 대한 지식도 가지고 있지 않다면 아무리 오페라단에 입단하고 싶다고 잠재의식에게 부탁해도 그것은 결코 이루어질 수 없는 억지이다.

그것이 물론 먼 장래의 희망이라면 우선 그 방향을 결정해야 한다. 그런 경우는, 잠재의식을 긴 여행의 안내자로 삼으면 시간과 노력이 절약되어, 쉽게 목적지에 도달할 수가 있을 것이다.

▶ 의심하지 마라

가깝든 먼 장래의 것이든, 당신이 일단 목표로 정하고 방향을 잡았다면, 다음에는 그 일에 대한 신념, 다시 말해서 절대적인 확신을 가져야 한다.

프랑스의 철학자 T. S. 쥬프로아는 "잠재의식은 그것을 믿지 않는 사람을 위해서는 절대로 일하지 않는다."고 말한다.

잠재의식에게 당신의 희망이나 욕구를 전달하려면, 이미 성취한 모습을 마음의 눈으로 볼 수 있어야 한다. 커다란 꿈을 이룬 당신의 모습을 생각하고 느껴야 할 뿐 아니라, 이미 성공한 위치에 있는 당신의 모습을 마음의 눈으로 보아야 하는 것이다.

▶ 서두르지 마라

　마지막으로 또 한 단계가 있다. 그것은 참고 기다리라는 것이다.

　당신은 이미 잠재의식에게 일을 맡겼다. 그러면 그 일을 하는데 얼마나 시간이 걸리느냐 하는 것은, 오직 잠재의식이 알아서 할 문제이다. 소원을 성취하려면 어떤 과정을 거치느냐 하는 문제는 당신으로서는 알 길이 없다. 오직 잠재의식이 잘 처리해 줄 것만을, 신뢰와 인내로써 기다리면 되는 것이다.

　그래서 모든 준비가 마무리되면, 잠재의식은 당신에게 여러 생각이나 계획, 그리고 당신이 해야 할 과제 등을 암시해줄 것이다. 그러면 당신은 그 암시에 따라 그대로 행동하기만 하면 된다.

　말하자면, 당신은 먼저 정당한 욕망으로 잠재의식의 힘을 신뢰하고, 결과가 나타나기를 끈기 있게 기다려야 하는 것이다.

　이럴 때 당신은 조금도 의심하거나 주저하면 안 된다. 마음의 문을 활짝 열고 잠재의식의 지시가 내리면 곧 그 명령에 따라야 한다.

　당신이 절대적으로 믿는다는 것을 행동으로써 보여주지 않는 한 잠재의식은 절대로 당신의 일에 최선을 다하지 않는다. 그러므로 신념 없이는 잠자고 있는 이

거인을 마음대로 부려먹을 수 없다는 사실을 명심해야 한다.

▶ 불합리한 충동도 일단 따라가라

경우에 따라서는 문제가 전혀 뜻밖의 방향에서 풀리기도 한다. 즉, 잠재의식은 당신이 실행해야 할 일을 일목요연하게 보여주지 않고 전체의 과정이 뒤섞여 도저히 납득할 수 없을지도 모른다.

때로는 당신이 바라는 성공과는 논리적으로도 전혀 엉뚱할 뿐 아니라, 아무런 의미도 없는 일을 하고 싶은 충동을 느낄 때도 있을 것이다.

예를 들면, 당신이 새 양복을 한 벌 갖고 싶어 그 돈을 마련할 궁리를 하고 있는데, 조금 전까지만 해도 가지 않기로 결정했던 파티에 갑자기 가고 싶다는 충동이 강렬해졌다고 하자, 이런 때는 그 충동에 따라서 파티에 참석해야 한다.

그 파티에 당신에게 새 양복을 마련해 줄 사람이 기다릴지도 모르기 때문이다. 어쩌면 그 사람은 새 양복을 입힐 모델을 찾다가 당신을 보고 모델이 되어 달라고 부탁할지도 모른다. 그리고 그 답례로 멋진 신사복을 당신에게 줄지 모르는 것이다.

세상일이란 이처럼 생각지 않은 곳에서 실마리가 풀

릴 수 있는 것이다.

▶ 잠재의식은 현명하다

'잠재의식을 믿어라'는 말은 의식하는 마음으로서는 얼른 받아들이기 어려울지 모른다. 특히 당신이 이성적인 인간이라면 더구나 받아들이기 어려울 것이다.

그러나 처음 수영을 배우는 사람이 물속에 들어갈 때 어떤가? 그는 우선 수영 코치를 믿지 않으면 안 된다. 그리고 그보다는 물에는 물체를 뜨게 하는 힘이 있다는 사실, 그래서 조금만 힘을 더하면 물이 몸을 떠오르게 해준다는 사실을 믿어야 하는 것이다. 처음에는 이 믿음보다도 불안이 앞설 것이다. 그러나 결국은 믿음으로 물속에 뛰어드는 것이다. 만일 이 믿음이 없다면 결코 수영은 배우지 못할 것이다.

잠재의식의 경우도 마찬가지이다. 잠재의식의 능력을 믿는다는 것은 그리 쉬운 일은 아니다. 그러나 위대한 힘을 당신이 얻으려면 우선 당신은 '잠재의식은 내가 부탁하는 모든 일을 실현시켜 줄 수 있다'는 사실부터 믿어야 한다.

당신은 잠재의식이 '이렇게 하시오' 하고 지시하면, 설사 그것이 불합리하게 생각되더라도, 확고부동한 신념을 가지고 그 명령을 따라야 한다.

① 믿어라
② 복종하라
③ 참고 기다려라

이렇게 함으로써 당신의 삶은 비로소 성공을 거듭하여 발전하게 된다.

제 3 부

신념은 운명을 창조한다

당면하고 있는
일에 신념을 갖느냐
그렇지 않느냐 하는 문제는
그 일의 성패에 절대적인 영향을 끼치는 것이다.

신념의 기초는 무엇인가?

암시에 의한 힘은 놀라운 효과를 가지고 있다.

암시 – 자기가 스스로에게 거는 자기 암시, 혹은 다른 사람으로부터 받는 타인 암시 – 는 잠재의식으로 하여금 독창적인 일을 하게 하는 힘을 갖고 있다. 암시에는 암송과 반복이 큰 역할을 한다.

이런 말을 들은 적이 있을 것이다.

"할 수 있다는 믿음을 가져라! 그러면 분명히 할 수 있을 것이다."

어떤 일이든 그 일을 할 수 있다는 신념이 무엇보다 중요하다.

굳은 신념은 다른 사람들이 도저히 해낼 수 없다고 포기한 일도 깨끗이 성공시킨다. 성취하도록 이끄는 원동력은 다름 아닌 신념이다.

 단체 행동을 하다가 어려운 문제에 부딪치게 되면 누군가가 '자, 모두 앞으로 가자! 우리는 이길 수 있다'라고 소리친다.

 축구 경기장이나, 총알이 빗발치는 전쟁터, 불꽃 튀는 기업의 경쟁 장소에서나 다 마찬가지다. 이와 같은 돌발적인 신념의 외침이, 사람들에게 전류처럼 충격을 주어서 사기를 높이고, 패색이 짙던 경기나 경쟁을 역전시켜 '승리다! 성공이다!' 하고 외치게 한다. 패배를 승리로 만든 것은 바로 승리에 대한 신념이 있는 한 사람이 '할 수 있다'고 외친 데서 비롯된 것이다.

▶ 히틀러와 무솔리니

 히틀러가 독일 국민들을 하나로 뭉치게 해서 그 힘으로 세계를 공격한 것도 바로 암시의 힘을 이용한 것이다. 만일 이 말이 믿어지지 않으면 히틀러가 쓴 <나의 투쟁>을 읽어보라.

 프랑스의 심리학자인 리넨 포벨은 히틀러를 분석하고, "그는 암시의 원리와 그것의 다양한 응용 방법을 잘 알고 있었다"고 말했다.

 히틀러는 이 원리를 잘 알고 있었기 때문에, 노련한 흥행사처럼 온갖 도구를 동원하여 대대적으로 선전을 벌이는 데 암시를 이용했던 것이다.

히틀러는 다음과 같은 실로 의미심장한 말을 했다.

암시의 심리는 그 사용 방법을 아는 사람이 쓰면 무서운 무기가 된다.

그는 독일 국민 모두에게 최면을 걸어서, 자기를 믿게 하려는 사상을 심어 주었던 것이다. 그는 독일 국민의 마음을 사로잡으려고 전국을 수많은 나치스의 깃발과 포스터와 슬로건으로 물결치게 만들었다. 또 가는 곳마다 히틀러의 커다란 사진이 걸려 있지 않은 곳이 없었다. <하나의 독일, 하나의 민족, 하나의 지도자>가 그들의 성가였다. 그것은 모임이 있는 곳이면 어디서나 부르는 노래였다.

<오늘 우리는 독일을 갖는다. 내일은 온 세계를 갖는다.>라는 독일 청년들의 행진곡이 날마다 거리를 휩쓸었다. 수많은 슬로건이 쏟아져 나왔다.

"독일은 오랫동안 기다렸다", "일어서라! 당신은 제3국의 귀족이다", "독일은 히틀러를 사나이로서 지지한다" 등 수많은 구호들이 하루 종일 쏟아져 나와 게시판·빌딩·벽·라디오·신문을 가득 메웠다.

그들은 돌아다니며 누구를 만나 이야기할 때마다 자신들이 뛰어난 독일인이라는 관념을 주입 받았다. 이렇게 하여 독일 국민들은 자신들이 지상에서 가장 뛰어난 민족이라는 신념의 포로가 되었던 것이다. 이 신념이 가장 고조되었을 때, 그들은 이것을 실험하고 증명하기 시작했다.

제2차세계대전에서 독일이 진 것은, 이 선전의 배경이 된 사상이 거짓이었기 때문이다. 히틀러가 사용한 암시의 힘은 기술로서는 매우 강력했지만, 그 밑에 정당성이 없었기 때문에, 결국 그는 비참한 최후를 맞아야 했고 독일은 패망했던 것이다.

당신의 욕구가 정당한 것이어야 하는 이유가 바로 여기에 있는 것이다.

이탈리아의 독재자 무솔리니도 이 암시의 법칙을 이용했다. 그는 이탈리아를 위하여, 그리고 파시스트 당수로서의 자신을 위하여 제일 유리한 방법을 찾았다. 그리고 다음과 같은 슬로건을 만들었다.

"믿어라, 따르라, 싸워라!"

"이탈리아는 세계에서 유일의 생활을 누려야 한다."

이 같은 선전 문구가 수많은 고층건물을 뒤덮었고, 독일이 했던 것처럼 매스컴을 통해 국민들 속으로 스며들었다.

스탈린도 러시아를 오늘날의 상태로 구축하기 위해서 이 같은 기술을 사용했다. 미국의 근대 최면학회는 1946년 11월에, "스탈린은 반복에 의한 암시의 위력을 알고 있었기 때문에 그것을 이용하여, 국민에게 러시아가 강국이라는 신념을 심어주려 했다."고 발표했다. 이 학회에서는 스탈린을 '대중 최면술가'라고 규정하고, 세계에서 가장 유능한 최면술가 중의 한 사람으로 인정하고 있다.

일본의 군국주의도 국민을 광신적 전투원으로 만들기 위하여 이 암시의 힘을 이용했다. 일본 국민들은 태어나면서부터 자신은 하늘의 자손이며 세계를 지배할 운명을 타고났다는 암시를 받아 왔다. 그들은 자라면서 그렇게 되기를 빌고, 노래를 부르고, 믿었다. 이것은 거짓된 선전이 불행을 초래한 사례들이다.

▶ 일본의 조작된 결사 대원

일본인들은 러·일 전쟁 후 44년 동안이나 해군 하사관이었던 스기노 마고이치 杉野孫七를 결사대의 원조로 내세워, 불사의 영웅으로 만들어 신격화했다.

그를 위해 많은 기념비가 세워지고 찬양가나 무용담이 무수히 돌아다니는 가운데 젊은이들을 그를 따르도록 가르쳤다. 그들은 결사대원 스기노보다 더 훌륭한 영웅적인 죽음은 없다고 믿게 되었다. 그 믿음의 결과로 전시에 수많은 젊은이들이 목숨을 바쳐 기꺼이 죽음의 길을 택했던 것이다.

그런데 아이러니컬하게도 정작 그 장본인인 스기노

는 죽지 않고 살아 있었다. 여순旅順항에 정박한 러시아 함대를 침몰시키는 작전에서 전사한 것으로 알려졌던 그가 사실은 중국의 작은 배에 의해 구조되었던 것이다. 그러나 자신이 온 국민들 사이에서 영웅으로 떠받들어지고 있다는 사실을 알게 되자 이름을 바꾸고 만주에서 방랑생활을 하며 숨어 사는 길을 택했다. 1946년 11월, 도쿄 발 AP통신의 전보는, 그가 오랜 방랑생활 끝에 본색이 탄로나 일본으로 송환된 경위를 알려 왔다.

그러나 이미 영웅적인 무용담이 그 효과를 거둔 뒤의 일이었다. 이렇게 무섭도록 강력하고 뿌리 깊은 신앙은, 완벽하게 가공적인 사실에 기초를 두었음에도 불구하고, 2차세계대전 중에 일본의 젊은 비행사들을 그 유명한 가미가제 특공대라는 자살 비행으로 몰고 갔던 것이다.

▶ 암시의 힘은 반복된다

많은 신비주의적 종교나 여러 가지 교리, 심리학 관계의 연구를 살펴보면 그것들의 기초가 되는 공통성을 발견할 수 있다. 그것은 어떤 일의 되풀이, 즉 반복이라고 한다.

그저 어떤 동작이나 말, 형식을 반복하거나 또는 아

무 의미도 없는 말을 중얼중얼 외워댈 뿐이지만 우리는 거기에 뭔가 숨겨진 의미가 있음을 알 수 있다.

종교 연구가 윌리엄 시브르크에 의하면 미개지의 마술사나 부두교2)의 고승高僧이나 여자 마법사, 그 외의 많은 기괴한 종교의 신봉자들은 뭔가 한 가지 말을 외우거나 동작을 되풀이함으로써 영혼을 불러내고 혹은 마술을 행한다는 것이다.

대부분의 종교단체에서는 일정한 문구를 반복해 외움으로써 소기의 효과를 올릴 수 있다고 신자들에게 가르치고 있다. 불교나 회교에서도 매일 일정한 시각에 정해진 기도를 하게 되어 있다. 이런 의식은 미국의 접신론자接神論者나 통일교 등의 교단에서도 행하고 있다. 병의 치료를 주목적으로 하는 프랑스의 쿠웨파에서도 마찬가지다.

사실대로 말하자면 모든 종교의 근거는 바로 이것이다. '미개지의 마술은 악령惡靈에 매달리고, 문명인의 종교는 선령善靈에 의지한다'는 차이는 있을지언정 어떤 단순한 일의 되풀이라는 점에선 공통된다.

이러한 원리는 미개한 부족들이 춤추며 두들겨 대는 북소리에서도 작용하고 있다. 북소리의 진동은, 원시적인 신봉자들의 영성靈性을 뒤흔들어 놓는다. 그래서 그들은 이에 자극을 받고 흥분되어, 죽음조차 겁내지 않

---

2) 부두교 : 서인도 제도와 미국 남부에 있는 흑인들의 종교.

을 만큼 정열적으로 되는 것이다.

　미국의 인디언 보호구역에 가면 하나의 전신운동처럼 보이는 유연한 인디언 춤을 볼 수 있다. 또 회교도 중에는 빙글빙글 몸을 돌리면서 춤추는 광신자들이 있다. 이런 것들은 반복되는 움직임을 통해 바라는 것이 이루어진다는 믿음에 뿌리를 두고 있다.

　옛날에는 전쟁 때 북소리로 병사들의 사기를 북돋았고, 오늘날의 공장에서는 음악을 들려줌으로써 작업 능률을 올릴 수 있다고 믿고 있다.

　이렇듯 반복되는 암시의 기이한 힘은 우리의 이성을 정복해 버린다. 그래서 이것은 오늘날 선전 광고에서도 흔히 이용되고 있다. 반복함으로써 광고의 메시지를 우리의 잠재의식 속에 주입시키는 것이다. 설령 우리의 이성이 그 광고에서 별다른 감명을 받지 않았다 해도, 결국은 그것을 믿게 되어 그 상품을 사게 되는 것이다.

▶ 중요한 마음가짐

　모든 종교운동의 개혁자들은 반복되는 암시의 능력을 효과적으로 사용하여 커다란 성과를 거두었다.

　우리의 머릿속으로 탄생과 동시에 신앙의 교리가 반복 주입됐으며, 우리 부모들 역시 예전에 그 교리의 반복적인 주입 속에서 자라 왔다. 거기에 분명히 깨우침의 마술이 있는 것이다.

'열중할 때는 아프지도 않다', 또는 '모르는 게 약이다' 등의 말들은 알고 보면 아주 의미가 있다. 우리는 의식이 활동을 해야 비로소 위험과 고통을 느낀다. 되는 일인지 안 되는 일인지도 모르면서 용기를 내서 해 봤더니 되더라는 이야기를 우리는 종종 듣게 된다.

심리학자들은 아기들에게는 두 가지 공포심 밖에 없다고 말한다. 그것은 커다란 소리에 대한 공포와 떨어지는 것에 대한 공포이다. 그 외에 우리가 느끼는 모든 공포는 지식에서, 또는 경험의 결과에서 오는 셈이다. 다시 말해서 두려움은 누가 가르쳐주거나 보고 들은 데서 생겨난 것이다.

회오리치는 사상의 흐름 속에서도 굳센 참나무처럼 서 있는 사람을 보면 무척 믿음직스럽다. 그러나 대부분의 사람들은 산들바람만 불어도 구부러지는 연약한 묘목 같다. 그래서 사고의 폭풍이 몰아치면 결국 밀려나게 된다. 즉, 자기 자신의 마음의 힘 때문에 견고해지기도 하고, 다른 사람의 마음의 힘에 의해 흔들리기도 하는 것이다. 이것은 바로 잠재의식에서 오는 어떤 암시에 의해 움직이는 결과이다.

그러므로 자기의 잠재의식을 보호해서 생각을 굳게 해야 한다. 이렇게 마음이 흔들리지 않기 위해서는 암시의 되풀이가 필요한 것이다.

▶ 암시의 몇 가지 사례

이 암시의 원리는 인류의 역사만큼이나 오래 되었다. 암시의 원리가 성공한 예를 알고 싶다면 우선 성경의 창세기를 읽어보라.

야곱은 자기의 소유물이라 주장할 수 있는 가축에게 이 원리를 적용하여 부자가 되었다.

오를레앙의 연약한 소녀 잔다르크는 자기의 귀에만 들리는 암시의 소리로 전쟁터에 나가 프랑스를 구해냈다. 그녀는 이 신념을 병사들의 가슴에도 심어주어서, 막강한 영국군을 이길 수 있도록 했던 것이다.

신념은 열쇠의 역할을 하고, 암시는 신념을 갖게 하는 도구이다. 미국의 심리학자인 윌리엄 제임스는 이렇게 말했다.

"신념은 미심쩍은 일의 성공적인 결과를 미리 확인시켜 주는 유일한 것이다." "사람의 신념은 자기 자신보다 훨씬 높은 곳에 있는 힘에 요청하여 그것에 의해 행동하고, 그 부탁의 실현을 만들어낸다."

바꾸어 말하면, 신념은 사실의 어머니라는 뜻이다.

노트르담 팀의 이름난 축구 코치 K. 로쿤은 암시의 힘을 잘 활용한 사람이다. 그리고 그는 각 팀의 성격에 맞춰 그 방법을 응용할 줄 알고 있었다.

　어느 날 그가 맡은 팀이 강팀을 맞아 고전 끝에 전반전이 끝내고 더 이상 경기할 의욕을 잃고 있었다. 선수들은 탈의실에서 신경이 예민해져서 코치가 들어와 격려해주기를 기다렸다.

　이윽고 문이 조금 열리고 로쿤이 살며시 머리를 들이밀었다. 그런데 그는 뜻밖이란 눈길로 선수들을 둘러보고는 "아, 실례했습니다. 노트르담 팀의 방인 줄 알고…, 죄송합니다." 하고는 문을 닫고 가버렸다.

　선수들은 처음엔 어이없다는 듯이 서로 얼굴만 쳐다보다가 곧 자기들이 모욕당했다는 사실을 깨닫고 몹시 화가 났다. 그리고 후반전이 시작되자, 그들은 전반전의 열세를 만회하고 멋진 역전승을 거두었다.

　전반전에는 고전하던 팀이 아닌가. 그러나 로쿤은 선수들의 잠재의식에 끌려간 게 아니라, 그와 반대로 그들에게 이긴다는 생각을 암시해주는데 성공하여 승리를 유도했던 것이다.

　로쿤 이외에도 많은 코치들이 이러한 암시의 기술을 활용하여 선수들의 사기를 높이고, 불가능했던 승리를 연출했다.

　1934년 로즈 바울 게임이 시작되기 전, 축구 전문가들은 모두가 전력이 약한 컬럼비아 팀이 당연히 질 것으로 예상했다. 그러나 그 전문가들은 양 팀의 겉으로 드러난 실력만을 비교했고, 로우 리틀 코치가 매일같이 선수들에게 정신력 훈련을 해 왔던 사실은 계산에 넣지 않았던 것이다.

시합이 끝나자, 당연히 이길 줄 알았던 스탠포드 팀이 패하여 사람들을 놀라게 했다.

1935년 곤자나 대학 팀은 서부에서는 볼 수 없었던 역전극을 연출했다. 워싱턴 스테이트 팀을 무려 13대 6으로 이겼던 것이다. 곤자나 팀은 아무도 거들떠보지 않던 무명의 팀이었고, 뛰어난 전적으로 봐서 모두 스테이트 팀의 승리를 장담했다. 그래서 단지 얼마나 많은 점수 차이가 나는가 그것만이 관심거리였다.

신문은 곤자나의 부감독 샘 대글리가 한 말을 크게 보도했다. 즉, 스테이트 팀은 선수들의 사기만 믿고 시합을 했고, 곤자나 팀은 시합이 시작되기 전에 녹음기로 로룬 코치가 격려의 말을 반복해서 들려주었다는 것이었다. 반복과 암시가 형세를 바꾸어 놓은 것이다.

디트로이트 타이거스의 미키 코크렌 감독도 문자 그대로 이류 야구 팀을 역시 반복 암시의 방법을 써서 아메리칸리그의 톱 위치로 올려놓았다.

당시의 신문 보도를 그대로 인용하면 이렇다.

'매일매일 고된 훈련을 시키면서 코크렌은 승리의 복음을 설교했다. 이기는 팀은 스스로 승리를 쟁취하는 것이라는 말을 반복하여 들려줌으로써 타이거스 선

수들의 마음속에 깊이 신념을 심어놓은 것이다.'

어떤 운동경기의 감독들이라도, 큰 시합의 승부는 선수들의 실력도 실력이겠지만 선수들의 마음에서 결정되는 것이라는 사실을 잘 알고 있다.

물론 육체적 훈련은 되어 있어야 하고, 스스로 느끼는 의식도 훈련되어 팀웍이 잘 이루어져야 한다. 그러나 시합을 승리로 이끄는 것은, 선수들 모두의 잠재의식의 연결인 것이다.

▶ 경제 현상에도 적용된다

암시의 힘은 증권시장의 주가에도 작용하고 있다. 나쁜 뉴스는 주가를 끌어내리고, 좋은 뉴스는 주가를 순식간에 끌어올린다. 주식의 본래 가치에는 변화가 없지만, 시장을 움직이는 투자자들의 생각의 변화가 주식 소유자들의 마음에 영향을 미친다. 주식의 거래를 성사시키는 것은 주주들이 어떤 사태의 변화가 일어날 것으로 믿느냐 하는 것이 문제이다.

불황이라는 말도 여기에 휘말리는 사람들의 마음에 따라 이것과 똑같은 반응을 보인다.

"시기가 좋지 않다."

이 말이 사람들 입에서 오르내리기 시작한다.

"사업을 확장할 때가 아니다. 광고 예산을 줄여라.

지출을 억제하라."

이렇게 되면 정말 장사가 안 된다. 이것은 상품을 파는 상인들의 마음이 물건을 사려는 사람의 마음에 다음과 같은 암시를 주고 있는 것이다.

'물건은 다음에 사세요. 돈을 쓰면 안 됩니다. 당신이 입고 싶은 새 옷이나, 읽고 싶은 책이나, 어제 봐 둔 자동차 따위는 없어도 그대로 살 수 있답니다. 아들을 대학에 보내지 마세요. 취직해서 돈을 벌게 하세요. 딸도 집에 데리고 계세요. 집에서 요리나 가르치세요. 앞으로의 시대는 딸들이 그런 것을 알고 있어야 해요.'

▶ 공포는 실패를 부른다

많은 사람들이 어리석게도 불황이라고 믿는다면, 원래는 가벼운 경제 하락 정도로 넘어 갈 수 있던 것이, 본격적인 경제 불황으로 나타난다. 불경기 때에는 생각보다 훨씬 강하게 암시가 작용한다. 사람들이 매일같이 다음 같은 말을 입에 담는다.

"불경기다. 장사는 안 되고 은행이 도산하고 있다. 장래는 어둡다."

불길한 소문은 마침내 전국적인 소리가 되어 수백만에 이르는 사람들이 재기 불능이라고 믿고 절망에 빠지는 것이다.

아무리 의지가 강한 사람이라도 그렇게 되면 의기소침해지는 것이 당연하다. 자금의 흐름은 아주 민감한 것이어서 공포의 암시가 계속되면 실제로 그 반응이 나타나 파산하는 사업가가 급증하게 된다. 또 은행의 파산이나 대기업의 도산에 대한 소문이 널리 퍼져서, 사람들은 공포감에 휩싸이게 된다.

한 나라의 경제를 파국으로 몰아넣는 데는, 이 같은 종류의 대중적 암시의 작용만으로도 부족함이 없다. 이렇듯 대중의 공포심은, 그들이 두려워하던 바로 그것을 만들어 낸다.

인간의 공포심으로 불경기가 된다는 것을 세상 사람들이 마음에 새겨두게 되면 두 번 다시 불경기는 찾아오지 않는다. 불경기를 무서워하기 때문에 불경기가 찾아오는 것이다.

우리가 감상적인 사고방식에 빠지지 않는 한 우리 경제에는 결코 불황이 끼어들 수 없게 된다.

심리학자이며 오랫동안 노스웨스턴대학 총장으로 있던 W. D. 스코트 박사는 다음과 같이 말했다.

"기업의 성공이나 실패는 능력이 아니라 마음가짐에 달려 있다."

▶ 암시의 능력

　사람은 세계 어디서나 비슷한 감정, 비슷한 영향, 비슷한 진동에 의해 지배되고 있다. 그리고 시골이든 도시든 국가든 모두 개인이 모여 이루어진 이상 그들의 생각이나 신념에 지배되지 않을 수 없다.
　시민 전체가 생각하는 것이 시의 모습이 되고, 국민 전체가 생각하는 것이 바로 국가의 모습이 된다. 이것은 피할 수 없는 이치이다.

　모든 사람은 자기 스스로가 만드는 것이며, 그 자신이 생각하고 믿는 그것이 바로 자신의 이미지가 된다.

　지 유명한 솔로몬 왕은 이렇게 말했다.
　"사람이 마음속에 품고 있는 생각 그 자체가 바로 그 사람이다."
　1938년 10월 20일 밤 미국 동부 뉴저지에 있었던 광란의 사건을 분석해 보기로 하자. 그날 밤 오손 웰즈와 머큐리 극장 단원들은 웰즈의 소설 <세계의 전쟁(The War of the Worlds)>을 극화해서 방송하고 있었다. 그 줄거리는 화성으로부터 온 기이한 외계인들이 지구를 공격한다는 것이었다.
　이 방송은 수많은 사람들을 공포 속으로 몰아넣었

다. 사람들은 집 밖으로 뛰쳐나왔다. 경찰서는 군중에 의해 포위되었다. 미국 동부 일대는 이 광란으로 인해 통신이 마비되고 뉴저지의 고속도로는 교통이 두절되었다.

이 방송이 있은 지 몇 시간 동안에 수백만 청취자는 실제로 화성에서 외계인이 지구를 습격하러 온 것으로 믿어 버린 것이다.

이처럼 믿음이란 기이하고 엄청난 사건을 불러일으키기도 하는 것이다.

유명 상품의 영업부장들은 판매 실적을 올리기 위해 암시의 방법을 이용한다. 그들은 이른 아침에 영업부원들을 모아 놓고 자주 판매회의를 한다.

그래서 세일즈맨의 마음속에 자신감이 넘치게 만든다. 감정에도 호소한다. 까다로운 소비자에게도 상품을 팔 수 있다는 신념을 잠재의식에 깊이 심어 놓는 것이다.

군대에서도 항상 암시의 방법으로 활기를 불어넣어 준다. 소대 훈련에서 끊임없이 반복되는 구령과 진형陣形으로 병사들의 잠재의식 속에는 복종하는 습관이 몸에 밴다. 그리고 그것은 점차 무의식적으로 된다. 즉, 병사들의 움직임은 반사적이고 이것이 실전實戰에 있어서 절대적으로 필요한 자신감을 북돋아 주는 요인이 된다.

▶ 바른 습관을 길러라

이상의 사례로 다음과 같은 결론을 내릴 수 있다. 곧 인간은 자기의 습관에 대해 깊이 주의해야 한다는 것이다. 당신의 움직임으로 이뤄진 하나하나의 행동은 모두 습관을 형성하는 싹들이다. 같은 행동을 반복할수록 점차 무의식적으로 같은 행동하게 된다.

'이번 한 번만 눈 딱 감고 하자. 물론 정당하지 않다는 것은 나도 잘 안다. 이후에는 절대 하지 않는다. 그러니까 이번 한 번만······.'

이 같은 사리에 맞지 않는 이유를 들어서 스스로 자신을 속여서는 안 된다. 한 평생 갖고 있어도 좋을 바른 암시만 잠재의식에게 주는 습관을 길러야 한다.

▶ 반복과 의례(儀禮)

당신은 가입 의례나 절차가 매우 엄격한 어느 비밀단체에 속해 본적이 있는가? 그 가입 절차의 엄격함에는 커다란 의미가 숨겨져 있다. 그것은 계획적으로 그렇게 하는 것인데, 그렇게 함으로 신입 회원의 단체에 대한 충성심을 일으키고 회원이라는 확고한 소속감을 심어주려는 것이다.

이 방법은 종교단체의 의식에서는 한층 더 중요한

의미로 행해진다. 종교의 입회는 언제나 엄숙한 형식 아래서 행해진다.

교회나 비밀 교단 등의 극적인 제례나 의식은 마음의 이미지를 만드는 데 중요한 역할을 한다.

그러한 제례의 배경은 주목을 끈다. 여러 가지 조명기구, 제례를 거행하는 사람의 의상 등은 매우 이채로우며, 또 야릇한 음악들로 하여금 유령이라도 나타날 듯한 신비로운 분위기를 자아낸다.

그 상징의 뒷면에 숨은 어떤 특별한 의미와 사고를 표현하여, 그 자리에 나온 사람들의 마음에 무언가를 심어 주고 엄숙한 느낌을 받도록 휘어잡는다.

그러한 일은 고대의 인류로부터 전해 내려온 역사적 사실이다. 문명인뿐만 아니라 원시인이나 미개인도 각각 특유한 의식을 행하고 있다. 심령연구에서부터 점에 이르기까지 인간에게 신앙을 심어 주는 방법은 무수히 사용된다. 영매靈媒 등도 강신술降神術을 할 때나 수정구水晶球를 들여다보며 사람의 과거나 미래를 점칠 때 그것을 이용한다. 집시들이 사람의 운명을 점칠 때에는 항상 그런 '간주間奏'를 사용한다. 말짱한 정신을 몽롱하게 분위기를 만들지 않는 한, 사람은 쉽게 설득당하지 않기 때문이다.

우리는 때로 신비로운 것이나 기적적인 것을 동경하는 순간이 있다. 그러나 그러한 동경도 무조건 따르도록 유혹하는, 앞의 사례와 같은 분위기가 없다면 확신으로 인도하려는 힘이 충분히 발휘될 수 없다.

이렇듯 이성적인 마음에 접근하기 위하여 먼저 감정적인 흥미를 일으키고 또 설득시키는 방법은 문자로 기록된 역사시대보다 훨씬 이전으로 거슬러 올라갈 수 있을 것이다. 그 효과는 오래 되었기 때문에 더욱 강력할 수 있다.

점성占星이나 운명, 판단 등의 힘을 비웃는 사람도 많지만, 경제인, 정치인, 예능인, 그 밖의 많은 직업에 종사하는 사람들을 비롯하여 예언을 믿는 사람들은 이 세상에 너무 많이 존재하고 있다.

옛날부터 예언의 말대로 맞아떨어지는 것은 그 의뢰인이 점성술사나 점치는 사람을 신뢰하기 때문이라고 생각해 왔다. 예언이라는 형식으로 의뢰인의 잠재의식에 심어진 암시가 그 예언이 맞게끔 사태를 진행시키고 있기 때문이다.

▶ 신념이 운명을 만든다

세상에는 인간적인 자력이 강한 사람 또는 위대한 웅변가가 있다. 그들 중에는 전혀 환경이나 극적인 효과의 도움 없이도 일을 할 수 있다.

마스코트, 네잎클로버, 부적 등 세간에는 행운을 갖

다 준다는 물건이라고 말하는 것들이 많다. 물론 그 자체에는 생명력이 없다. 그러나 사람들이 일단 위력이 있다고 믿기 시작하면 거기에 생명을 불어넣는 결과가 된다. 그 물건에 능력이 있는가 없는가는 문제가 되지 않는다. 믿음에서 힘이 솟아 나오게 된다. 즉, 믿음으로 효과를 만들어 내는 것이다.

이를 증명하는 사례로 알렉산더 대왕과 나폴레옹의 이야기를 들 수 있다. 알렉산더가 대왕이 되기 전의 일이다. 옛 페르시아 왕 고르지우스가 바퀴에 단단히 매어 놓은 밧줄이 있는데, 사람들은 그 밧줄의 매듭을 푸는 사람은 누구든지 아시아의 왕이 될 수 있다는 전설을 널리 믿어 오고 있었다.

알렉산더는 그 이야기를 듣고 단칼에 매듭을 잘라버렸으며 마침내 강력한 힘과 높은 지위를 움켜쥘 수 있었다.

나폴레옹이 어렸을 때, 별처럼 생긴 사파이어를 하나 얻었는데, 그 사파이어에는 행운을 가져오고 장차 그를 프랑스의 황제로 만들어 줄 것이라는 예언이 새겨져 있었다.

이 두 사람에게 높은 지위를 준 것은 그 희한한 신념 이외에 또 무엇이 있었겠는가? 그들은 초인적인 신념이 있었기에 초인적인 인물이 될 수 있었던 것이다.

흔히 금이 갔거나 깨진 거울은 불운하다고 한다. 그

러나 당신이 그것을 믿지 않는다면 결코 불운이 될 수 없다. 나쁘다는 신념이 마음속 깊이 뿌리를 박고 있어 그 사람에게 불운을 가져오는 것이다. 잠재의식은 믿는 것을 반드시 실현시키는 힘을 가지고 있기 때문이다.

이런 류의 마스코트나 물건의 상징들은 무지한 사람뿐만 아니라 지식의 정도가 높은 사람들도 많이 믿고 있다. 교양이 있고 지식이 풍부해서 대통령 후보에까지 나갔던 사람의 집 헛간 문에 말굽이 거꾸로 매달려 있어서 낙선했다는 이야기도 있는 것이다.

▶ 나무에게 말하다

미국에는 '녹색의 엄지손가락을 가진 사람'이라는 말이 있다. 이는 능숙하게 식물을 가꾸는 사람을 가리키는 말이다. 실제로 식물을 기르는 사람 중에는 마음의 힘으로 식물에 영향을 미칠 수 있다고 믿는 사람이 많이 있다. 그렇게 믿는 사람들은 다른 사람들보다 좋은 채소나 아름다운 꽃, 나무를 잘 기를 수 있다.

몇 년 전에 나는 한 나이든 스위스 정원사를 고용했다. 그는 정원의 오래된 나무들을 뽑아버리고 새 묘목들을 심자고 고집했다. 처음에 나는 그 정원사가 왜 그러는지 잘 몰랐지만, 그의 주장이 워낙 완강했기 때문에 그렇게 하자고 했다.

그런데 그가 나무 심는 것을 자세히 보니 묘목을 땅에 심고 뿌리에 흙을 덮을 때마다 뭐라고 중얼거리는 것이었다. 화초를 심을 때도 마찬가지였다.

호기심에 못 이겨서 하루는 그에게 나무나 화초를 심으면서 땅에다 대고 중얼거린 말이 뭐냐고 물었다. 그는 한참 망설이더니 이렇게 대답했다.

"선생님은 이상하게 생각하시겠지만, 저는 나무들에게 말을 한 것입니다. 나무에게 꼭 살아서 잘 자라달라고 했지요. 이것은 제가 어렸을 때 조국에 있는 선생님한테 배운 겁니다. 자라는 것은 무언가 격려를 해주어야 한다더군요. 그래서 저는 그 말을 따르고 있는 것입니다."

캐나다 컬럼비아 지방의 인디언들은 연어나 넙치를 낚으러 갈 때는 언제나 낚싯줄이며 바늘에다 뭐라고 말을 한다. 그렇게 하지 않으면 물고기가 잘 낚아지지 않는다는 것이다.

남태평양의 섬 주민 중에는 그들이 쓰는 기구나 연장을 마치 살아 있는 사람처럼 다루고 음식도 주며 말도 걸면서, 잘 도와 달라고 부탁하는 사람들이 많다. 그들의 습관과 유사한 것이 문명인에게도 있는데, 오늘날에도 선박의 진수식이나 어선단의 출항에는 출발을 축하하며 성공적인 항해를 기원하는 의식이 행해지고 있는 것이다.

신앙 내지 신념은 문명 세계의 종교인이나, 미개인에게도 강력한 무기의 하나이다. 맥아더 장군이 어쩔 수 없이 필리핀을 포기해야 했을 때, 그는 마음속에 어떤 생각을 했을까?

　"나는 반드시 돌아온다."

　맥아더 장군은 단호한 목소리로 말했다. 그는 반드시 그렇게 되리라 믿고 있었던 것이다.

　2차세계대전 중 미국의 태평양 함대가 진주만에서 대패하여 일본이 남태평양의 대부분을 점령했을 때, 맥아더 장군은 이 성명을 발표했던 것이다. 그것은 자신만만하고도 신념이 넘치는 말이었다. 그리고 역사는 그가 말한 그대로 되었다.

분명한 마음의 그림을 그려라

　인간의 상상력, 바꿔 말해서 눈으로 보는 능력은 잠재의식으로 하여금 자석처럼 끌어당기는 힘을 일으키는 원동력이다.
　당신은 지금 이 순간 마음으로 진정 무엇을 바라고 있는가? 가령 당신의 간절한 소망이 멋진 파이를 굽는 일이라고 생각하자. 변변치 않은 소원이라고 말하면 안 된다.
　만일 좋아하는 청년에게 자신은 그가 생각하는 것처럼 철부지 여자가 아니라는 것을 알리고 싶다면, 파이를 잘 만드는 일은 매우 중요하다. 왜냐면 당신은 그를 저녁식사에 초대했기 때문이다.
　당신은 어머니의 도움 없이 혼자서 식사를 준비할

수 있는 허락을 받았다. 현명하고 이해심 많은 어머니는 당신의 능력으로 만들 수 있는 식단을 짜주었다. 그리고 식사 후의 디저트로는 아이스크림을 추천했지만, 당신의 고집으로는 어떻게 해서든지 그에게 당신의 요리 솜씨를 과시하고 싶었다. 그렇기 때문에 파이를 만들어야겠다고 생각했던 것이다.

전에도 한 번 만들다가 실패한 적이 있었다. 파이를 만드는 어머니의 모습이 머릿속에 훤하지만 솜씨가 따라가지 못했던 것이다. 그러나 이번에는 꼭 성공해야 한다.

그렇다면 지금 어떻게 해야 훌륭한 파이를 만들 수 있는가.

가장 먼저 신념을 갖는 것이다. 마음속으로 훌륭한 파이를 만들 수 있다고 믿는다. 절대로 불안해하면 안 된다. 신념을 갖고 '나는 꼭 멋지게 만들 수 있어!'라고 당신 자신에게 속삭인다. 그리고 눈앞에 그림을 그린다. 상상력을 동원해서 오븐에서 구워진 멋진 파이에 대한 마음의 그림을 반죽하는 판 위에 그리는 것이다. 그리고 그 그림에서 눈을 떼지 않는다.

당신의 손은 스스로 움직이기 시작할 것이다. 손은 이미 반죽하는 방법을 익히고 있기 때문이다. 이번에는 틀림없이 부드럽고 맛있는 파이가 오븐에서 멋지게 나타날 것이다.

▶ 헛된 꿈을 꾸면 안 된다

　꿈과 실제 마음의 그림, 즉 공상과 욕구 달성을 위해 상상력을 바르게 활용하는 것을 혼동해서는 안 된다.
　예를 들어 당신은 비행기 조종이 세계에서 가장 위대한 일이라고 생각한다고 하자.
　당신은 거리를 걷다가 날카로운 금속성을 남기면서 하늘로 날아가는 제트기를 발견했다. 그리고 당신이 그 제트기에 타고 있는 모습을 상상한다. 조종석에 앉아 어떤 도시의 상공에서 원을 그리며 돌기도 하고, 혹은 귀가 멍멍할 정도의 폭음을 내면서 저공비행을 하기도 한다.
　그러나 이와 같은 것은 하나의 공상이요, 헛된 꿈이다. 당신을 비행사로 만들어 조종석에 앉게 하는 데는 아무런 도움이 되지 못한다.
　목표를 지향하지 못하는 허황된 상상은 잠재되어 있는 힘을 일으켜서 그것을 달성하는데 이바지할 힘을 갖지 못한다. 여기서 말하는 상상력을 바르게 이용하라는 참뜻은 하고 싶은 일을 하는 당신 자신의 모습을 마음의 눈으로 보고, 그 그림을 현실적인 것으로 만들기 위해 발전하는 길을 찾아 나가라는 것이다.
　비행사가 되고 싶은 당신의 꿈은 당신이 그 목적을 이루기 위한 첫걸음을 내딛어야만 실현에 근접하는 것이다.

맨 먼저 당신이 할 일은 당신이 목표로 삼는 일을 실제로 하고 있는 자신의 모습을 마음의 그림으로 그리는 것이다.

그리고 상상으로 그것을 하고 있는 자기의 모습을 그린 후에 실제 행동으로 재현한다.

돋보기의 초점을 적당한 곳에 맞추면 태양 광선이 한 곳으로 모여 낙엽 더미에 불이 붙는다. 그러나 만일 그 렌즈를 고정시키지 않으면 불이 붙을 정도의 열량은 생겨나지 않는다.

마음의 그림의 경우도 이와 똑같다. 당신이 그것을 보고, 확실하게 갖고, 또 그 그림에 집중하지 않으면 완벽한 그림은 얻어지지 않는다. 그 그림은 흔들리고 변화하여 아무것도 달성되지 못한다. 그것은 공상, 즉 백일몽 이외의 그 무엇도 아니다.

▶ 집중력의 중요성

프랑스의 의사 에메르 퀘에는 암시의 능력을 세상에 널리 알린 사람이다. 그는 "상상력은 의지력보다 더 강력한 힘이다."라고 말한다. 두 힘이 싸우면 언제나 상상력이 이긴다는 것이다.

예를 들어 아직은 젊은 나이지만 자신이 집을 지을

수 있는 경제력에 이르렀다고 하자. 이 경우 당신은 틀림없이 마음속에 그린 그림으로부터 출발하려고 하지는 않을 것이다.

당신은 우선 여러 가지 자료를 모으고, 건축가의 조언을 듣고 모든 것을 세밀하고 명확하게 그릴 수 있는 준비를 할 것이다. 그러기 위해서 당신은 아내와 많은 대화를 할 것이다.

부인은 넓은 거실을 원한다. 거실에는 그랜드 피아노가 잘 어울리지만, 다른 소중한 가구들도 잘 보이지 않으면 안 된다. 벽난로나 소파도 작아 보이면 안 된다. 앞으로 애들이 자라서 집안 전체를 놀이터로 삼으면 혼자 휴식할 수 있는 방도 필요하다.

부인은 식당과 맞닿은 주방을 만들어야 하지만, 밖에서도 식사를 할 수 있게 마당과도 통하는 곳에 주방을 두고 싶어 한다. 마당은 아이들의 놀이터이니 일을 하면서도 아이들을 살필 수 있게 꾸며지기를 바란다.

이런 사소한 것까지 의논을 한 다음 설계사에게 간다. 설계사는 대지의 위치와 경사도, 이웃집과의 거리, 전망 등을 고려하여 조언할 것이며, 그것으로 인하여 당신 마음속에 그린 그림을 부득이 바꾸어야 할지도 모른다.

그러나 이 같은 과정을 통해 당신 마음속의 그림이 최종적으로 정해지면 그것을 잘 기억한 후, 모든 것은 다 당신의 상상력에 맡겨 버리는 것이 좋다. 건축비의 문제도 있지만, 그 그림은 끝까지 지켜야 한다. 마음속의 그림에 정신을 집중하면 강한 힘이 생겨 비용 같은 것은 쉽게 해결될 것이다.

집을 짓는 것 같은 큰 일이 아닌 사소한 계획일지라도 역시 마찬가지다. 만일 당신이 친구와 함께 낚시를 가려고 할 때, 낚시할 장소의 물의 흐름을 마음의 눈으로 보고, 낚싯줄을 던져 고기를 낚는 광경을 마음속에 그려 그것을 계속해서 본다. 그러면 당신의 상상력은 당신이 그렸던 대로 실현시켜 줄 것이다.

또 당신이 대학을 졸업하고 처음으로 직장에 나갔다고 생각하자. 그런데 어쩐지 모든 일이 흥겹지 않다. 당신에게 맡겨진 일은 중요하지도 않고 흥미도 없다. 그런 애매한 불만이 문제라면 잠재의식에 부탁할 수도 없다. 이 경우는 당신의 의식하는 마음을 사용하면 된다.

우선적으로 당신은 당신의 불만의 원인을 분석하라. 아마 당신은 너무 조급했을지도 모른다. 흥미도 못 느끼는 초기 직장 생활의 일 뒤에서 당신은 기다리는 장래성을 생각하지 않았는지도 모른다.

만일 그런 이유라면 당신이 장차 될 수 있다고 믿는 장래의 모습으로 생각을 바꿔보라. 그 야망 속의 지위에 올라 있는 당신의 모습을 마음의 눈으로 보는 것이다.

 그 그림에서 눈을 떼면 안 된다. 당신을 더 중요한 일로 이끌어 갈 작은 일들에 최상의 노력을 하면서 그 그림에서 잠시도 눈을 떼서는 안 된다.

 그러나 처음으로 직장에 나가는 사람들에게 흔히 있는 일이지만, 만일 당신이 장래가 전혀 보이지 않는 직장에 나간다면, 당신은 진지하게 생각해봐야 한다.

 지금의 직업을 선택할 때 소홀하게 생각했던 것들을 늦게나마 다시 생각해야 하는 것이다.

 이 세상에서 당신이 진심으로 원하는 일은 무엇인가? 그것을 찾아보라.

 당신의 미숙한 능력으로는 무엇을 할 수 있을 것인가? 어떤 직업을 선택해야 당신이 만족할 만한 위치까지 갈 수 있을까? 그것을 찾아야 한다.

 어떤 일이 당신에게 성장의 기회를 주고, 무엇이 당신을 행복하게 할 수 있는가를 찾는 것이다.

 당신의 의식하는 마음이 그러한 일의 분담을 마친 다음, 이 문제를 잠재의식에게 맡겨 보관하면 된다.

 의식하는 마음은 일을 결정짓는다. 그리고 잠재의식은 의식하는 마음이 결정한 것을 실현시킨다. 그리고 상상력은 이 두 가지 사이에서 교감하는 구실을 한다.

 당신이 생각해서 그리는 그림, 마음의 눈으로 보는 그림 등 당신이 원하는 자리에 올라가 있는 당신 자신의 모습을 끊임없이 마음의 눈으로 봄으로써, 당신의 의식하는 마음은 잠재의식과 교감하고, 이에 자극된 당신의 잠재의식은 활동을 시작하는 것이다.

그러므로 그런 마음의 그림을 꾸준히 지켜가야 한다. 그리고 묵묵히 잠재의식에 따르라. 당신이 간절하게 부탁한 일은 당신의 잠재의식이 틀림없이 이루어준다고 믿어라.

잠재의식은 반드시 당신을 당신이 희망하는 곳에 데리고 갈 실행 안을 가지고 나타난다.

이 사실을 명심하라. 잠재의식은 당신이 목적한 곳에 이르기 위해 걸어야 할 발걸음을 가르쳐 줄 것이다. 그것은 반드시 밟아야 할 과정이다. 온전한 믿음으로 잠재의식의 지시에 따라야 한다.

▶ 잠재의식의 활동

잠재의식이 어떻게 활동하는지에 대해 실제로 있었던 일을 이야기하기로 한다.

내 한 친구가 보트를 만들려고 생각했다. 그는 보트를 만드는 방법에 대해서 아는 것이 없었지만, '하면 된다'는 확신을 가지고 있었다.

그는 우선 보트 만드는데 필요한 책을 사서 읽고 연구했다. 물론 청사진이나 안내서에서 배울 수 있는 정도의 것이었지만, 일을 시작하기도 전에 완성된 보트의 형상을 마음속에 뚜렷하게 그림으로 그릴 수 있었다.

보트를 만드는 중에 전기 드릴이 필요했다. 그러나 보트를 만드는 데 이미 상당한 돈이 들어갔다. 앞으로도 많은 비용이 들어갈 형편인데 불과 2~3개월 쓰면 무용지물이 될 드릴을 사기 위해 75달러나 소비한다는 것은 현명치 못한 일이었다.

그는 드릴을 임대해서 사용할 것도 생각해 보았지만, 아침저녁으로 한두 시간씩 사용하려고 매일 오가야 한다는 것은 매우 귀찮은 일이었다. 그러나 달리 방법이 없었기 때문에 그는 드릴을 임대해서 쓰기로 했다. 그 후, 그는 나에게 다음 같이 말했다.

"어느 날 밤 문득 이런 생각이 들었네. 나에게 필요한 드릴이 틀림없이 어디 있을 것 같더군. 그리고 그것이 내 손에 들어올 것 같은 예감이 들었네. 그것은 생각하면 할수록 더 실감이 났네.

그러나 며칠 동안 아무 일도 없었네. 그러던 어느 날 저녁 수리공장을 경영하는 친구가 몇 년 만에 갑자기 날 만나러 왔네. 보트를 만들고 있다는 나의 말을 듣더니 자기도 보트를 좋아한다며 보여주라 했네. 그는 무거운 드릴을 안고 낑낑대는 내 모습을 보더니 그것을 어디서 구했느냐고 묻더군. 내가 임대를 했다고 하자, 그는 웃으며 '내일 공장에 들르게나. 작고 사용하기 쉬운 것을 빌려주겠네' 하더군. 물론 나는 그것을 빌려다 보트를 다 만들 때까지 잘 쓴 것은 말할 필요도 없지.

이와 비슷한 일이 목재를 자를 때도 일어났네. 내 톱은 조그만 크랭크 톱인데 2센티미터 정도 되는 판자가 영 안 잘라지지 뭔가. 거기에 맞는 톱이 있어야겠다는 생각이 들어 집에서 몇 블록 떨어진 목공소로 갔지. 그곳에 띠톱이 있는데 1시간 사용료가 50센트라더군. 그러나 크기를 맞추고 모양을 따내는 일로 집과 가게를 왔다 갔다 하면 많은 시간을 빼앗길 것이 아닌가.

나는 며칠 동안 내 자신에게 띠톱을 더 편하게 쓸 수 있는 방법이 있을 거라고 말했지. 그렇게 지나던 일요일에 또 한 친구가 내 보트가 어떻게 되나 보려고 찾아왔다네. 내가 띠톱 때문에 일이 늦는다고 하니까 그가 웃으며 말하더군.

'지난 화요일에 띠톱을 새로 구입했는데 공장을 수리하고 있기 때문에 당분간 쓸 일이 없네. 그 동안 자네가 갖다 쓰게.'

그 친구가 그날 당장 톱을 갖다 주었지. 나는 보트

가 완성 될 때까지 몇 달 간 그 띠톱을 사용할 수 있었네."

또 다른 예를 몇 가지 들어보자.

어떤 사람이 자기 집에 페인트칠을 하려고 30단 되는 사다리를 구한 방법을 내게 들려주었다.

"난 틈나는 대로 집의 외벽에 페인트칠을 해야겠다고 생각했어요. 그래서 사다리를 어디서 구할까 하고 이 궁리 저 궁리했습니다.

사다리를 임대로 빌려주는 곳이 몇 군데 있긴 했는데, 미리 시간이 정해져 있기 때문에 내 계획과는 맞지 않았습니다. 그러면서도 나는 자신에게 '너는 사다리를 구할 것이다'라고 수없이 말했지요. 그랬더니 마침내 구할 수 있게 되었습니다.

그날은 바로 전몰장병기념일이었습니다. 뒤뜰에 있었는데, 마침 길 건너 이웃 사람이 긴 사다리에 올라가서 자기 집 벽을 청소하고 있었습니다. 나는 당장 그에게 사다리를 어디서 구했냐고 물었지요. 그는 집을 살 때 그것도 함께 샀다고 했습니다. 그날 오후 그 사다리를 빌려 우리 집 뒤뜰로 옮겨서, 나는 그것을 페인트칠이 끝날 때까지 쓸 수 있었습니다."

언젠가 내 자동차의 점화장치가 고장이 났는데 몇

군데 수리공들에게 보였으나 어디가 고장인지 아무도 알아내지를 못하는 것이었다.

그러다가 마침내 여기서 말하려는 수리 공장까지 가게 되었다. 차가 고장이 나게 된 경위를 설명하자, 귀를 기울이고 있던 사람이 다음과 같이 말했다.

"잘 고쳐질 겁니다. 그렇게 믿습니다."

그의 말에 나는 무심코 "믿으면 뭐든지 이루어지지요. 그렇죠?" 하고 말했다.

그러자 그는 겸연쩍은 듯이 말하는 것이었다.

"당신도 역시 비꼬는군요. 사실 믿으면 안 되는 일이 거의 없습니다. 그러나 그런 말을 하면 바보들은 비웃지요."

"아니, 천만에요. 난 그 말에 흥미가 있어 그런 겁니다. 당신은 신념의 힘을 믿게 된 어떤 경험이라도 있습니까?"

"그런 이야기라면 하루 종일이라도 당신과 얘기 할 수 있습니다. 제 생활은 온통 그런 이야기뿐이니까요."

"그러면 한두 가지라도 들려주시오. 언제부터 신념의 힘을 알게 되었습니까?"

"글쎄요. 거의 12년은 됐을 겁니다. 내가 넘어져서 등뼈를 다친 때였으니까요. 난 오랫동안 몸에 깁스를 했었는데, 의사는 나아도 일생을 불구로 지내게 될 거라고 했습니다. 병실 천장을 보고 누워서 앞날을 생각하니 기가 막혔습니다. 생각해 보십시오. 만약 불구자가 된다면 어떻게 살아가겠습니까?

그때 '사람은 믿는 대로 얻을 수 있단다'라는 어머니의 말이 떠올랐습니다. 어머니는 집안에서 누구에게 좋지 않은 일이 일어나면 언제나 그렇게 말했습니다. 어느 날 내 마음속에 '그래, 난 건강해질 수 있어' 하는 생각이 떠올랐습니다. 나는 그것을 확신했습니다. 나는 다리를 절지 않고 다른 사람들과 똑같이 활동하는 내 모습을 보았습니다. 건강하고 씩씩한 내 자신의 그림을 보았습니다. 자, 내 모습을 보십시오. 선생님의 자동차 밑에서 일하고 있는 저를 보십시오. 이래도 내가 불구자입니까?"

"아주 흥미 있는 일입니다. 좀 더 들려주십시오."

"그러죠. 나는 그 방법을 사업을 확장하는 데도 사용했습니다. 그 결과 이 공장도 손에 들어오게 된 것입니다. 그러니까 몇 주 전에 예전에 운영하던 가게가 불에 타버렸습니다. 그러나 전쟁 때문에 이런 자리도 얻기 힘든 형편입니다. 나는 며칠 동안 이 일을 계속할까 말까 고민하다가 그냥 취직이나 해 버릴까 하는 생각도 했습니다. 그러다가 이 일을 계속하리라고 마음을 굳혔습니다. 나는 잠들기 전에 자신에게 '걱정 마. 며칠 안으로 새 가게가 하나 생기게 될 거야' 하고 말했지요. 난 가게 터를 찾을 수 있을 거라 믿으면서 잠들었습니다. 이튿날 나는 언젠가 화재에서 겨우 건진 자동차를 내게 맡겼던 페인트 가게를 찾아갔습니다. 그리고 가게를 하나 찾고 있다고 말했지요. 그러자 가게 주인이 '마침 잘됐소. 이 가게를 빌려 드리죠. 나는 다음 블록에 건물 하나를 샀거든요' 하는 것이었습니다."

그리고 그는 이렇게 끝맺었다.

"덕분에 일이 이렇게 주체할 수 없을 정도로 많습니다. 자아, 이제는 일을 시작해야겠습니다. 선생님 자동차는 맡겨 두셨다가 두 시간 후에 찾으러 오십시오. 잘 달릴 수 있도록 고쳐 놓겠습니다."

▶ 잠재의식은 마음의 그림으로 움직인다

위의 이야기들이 모두 '우연히 그렇게 된 것이다. 우연의 일치다'라고 하면서 당신 자신을 속이면 안 된다. 우연의 일치 같은 것은 이 세상에 존재하지 않는다.

그러므로 다음의 사실을 당신의 마음속에 깊이 새겨 둘 일이다.

당신의 마음속 깊이 숨어 있는 잠재의식은 만일 당신이 그것을 믿고, 진실을 주고, 지시를 기다리고, 그 지시에 따른다면 당신이 필요한 모든 것을 만족시켜 주기 마련이다.

마음의 그림을 그려라. 요구 사항을 되풀이하라. 신념을 갖고 믿어라. 그것이 바로 당신이 할 일이다. 생각한 것은 생각한 대로 나타난다. 강렬한 생각은 모든 것을 실현시켜 주게 마련이다.

널리 알려진 일이지만, 아주 깊숙한 곳에 있는 잠재의식이 그 스크린 위에 비치는 이미지 그대로 실현될 수 있도록 활동하는 것은 분명한 사실이다. 그러나 만일 당신의 영사기나 필름에 문제가 생겨서 영상이 흐려지든가 거꾸로 비치든가, 또는 화면이 꺼지기라도 하면 아무 효과도 거두지 못한다. 그럴 경우에는 잠재의식을 절대로 탓하지 말라. 당신 자신에게 문제가 있는 것이니까…….

마술사, 문필가, 발명가, 작곡가 중에는 상상력이 잘 발달되어서 마음의 눈으로 사물을 보는 능력이 뛰어난 사람이 있다. 그들은 거의 자기 뜻대로 마음의 그림을 그릴 수 있는 능력을 가지고 있다.

만일 당신에게 이런 능력이 없다면 그것을 갖게 해줄 필요가 있다. 현실적으로 보고 싶다, 갖고 싶다, 되고 싶다고 요구하는 상황이나 사물을 마음의 눈으로 보는 것은, 그 실현을 위한 필수 조건이기 때문이다.

▶ **마음의 그림으로 물고기를 잡는다**

내가 아는 사람 중에 낚시질을 기가 막히게 잘하는 사람이 있다.

그 사람은 마음의 그림을 그리는 법을 잘 알고 있었다. 두세 명의 친구들과 함께 배에서 낚시를 할 때면, 그는 숭어를 연신 낚아 올렸다. 그러나 다른 사람들은 똑같은 미끼나 바늘을 쓰고, 똑같은 요령으로 같은 곳에서 낚시질을 하는데도 단 한 마리의 물고기도 낚지 못했다.

한 번은 내가 그 이유를 물었더니, 그는 웃으면서 대답했다.

"나에게 별다른 재주가 있는 건 아닐세. 난 그저 주문을 외울 뿐이야. 상상적으론가 심리적으론가, 내가 물속으로 들어가 물고기들에게 미끼를 물라고 권한단 말일세. 다시 말하면 고기들이 바늘을 집적거리는 것을 눈으로 확인하고 걸려들 것을 믿는단 말이지. 그 밖에 달리 뭐라고 설명할 수 없네."

다른 낚시꾼에게 그 이야기를 했더니, 그는 코웃음을 치며 말했다.

"별 엉뚱한 소리 다 듣네." 그러더니 "낚시를 잘 하는 것은 물의 흐름, 물고기의 성질, 미끼의 종류를 잘 골라서 선택하기 때문이야. 그래서 물고기가 잘 걸리게끔 되어 있는 것이지." 하고 말하는 것이었다.

그러나 뛰어난 낚시꾼인 램프먼도 함께 낚시를 하면서 주문을 외는 사람만큼 많이 잡지 못하는 이유에 대해서는 설명을 못하는 것이었다.

이것은 골프장에서도 마찬가지로 작용한다.

나는 오래 전부터 골프를 즐겨 왔고 많은 골프 클럽에도 가입했다. 그리고 예전에 세계적인 테니스 선수였던 남자와 골프장에서 자주 어울렸다. 그는 짧은 거리 샷으로 놀라운 묘기를 보였고 태평양 연안에서 이름이 알려진 사람이었다.

그는 '마시니'나 '니블릭'에서 마음 둔 곳에 공을 귀신같이 떨어지게 하며 더구나 그 자리에 딱 멈추게 할 수도 있다. 핀에 가깝거나 멀게 그가 마음먹은 대로 치는데 더구나 단 한 번의 패트로 구멍에 넣어 버리는 것이었다. 그의 패트는 놀라운 묘기였다.

"어떻게 그런 재주를 익혔나, 조지?"

어느 날, 기적적인 샷이라고 할 수 있는 것으로 그가 우리를 놀라게 했을 때 내가 물었다. 그가 대답했다.

"글쎄, 자네도 라켓이나 손으로 볼을 칠 때 마음의 그림을 그리겠지? 그 볼이 원하는 곳으로 가거나 떨어지는 이미지를 말일세. 나도 짧은 샷이나 퍼팅을 할 때면 그런 원리를 쓰는 거야. 그린을 향해 골프채를 휘두를 때 볼이 원하는 곳에 떨어지는 것을 잠깐 마음에 그리지. 물론 기술적으로 숙달되어야 하는 것도 중요하지만, 숙달이 잘 되어 있어도 마음대로 되지 않는 사람들이 많아. 내가 많은 시간을 연습하는 것은 사실이지만 그것은 나뿐 아니라 다른 사람들도 마찬가지라네. 그러나 나와 그들의 다른 점은 골프채로 그것을 치기 전에 볼의 낙하지점을 뚜렷하게 눈으로 본다는 것이네. 내게는 할 수 있다는 자신감이 있지. 그리고 공에 백스핀을 주어 낙하지점에 그대로 멈추게 하는 걸세."

이 말이 당신은 여전히 미심쩍을지도 모른다. 그렇다면 유명한 스포츠 기자 그랜트랜드 라이스가 쓴 신문 기사를 살펴보자.

이 기사는 30년대 중반에 출현한 기적적인 아마추어 골퍼 T. 몬티그를 다룬 것이다.

"당신이 어떻게 생각하든, 또 무어라 부르든 상관없지만 여하튼 나는 머리와 마음으로 골프를 칩니다. 물론 발의 위치나 골프채를 쥐는 방법이나 스윙의 기본은 되어 있는 것으로 간주했을 때 이야기입니다.

나는 공을 치기 전에 반드시 선명한 어떤 이미지를 마음에 그립니다. 그 마음의 그림이 근육의 움직임을 조율하기 때문입니다. 만일 이미지가 없다면 비록 성공했더라도 그저 우연에 불과하겠죠. 부담감을 느낄 때는 이미지를 그리기가 힘들어서 강력한 집중력이 필요하게 됩니다. 그러나 부담감 없이 하는 게임은 스릴이 없습니다."

우수한 프로 골퍼 G. 사라센도 그가 쓴 <골프의 비결>에서 마음의 그림, 객관적인 태도, 집중 그리고 자신감 등에 대해 진지하게 이야기하고 있다.

모든 골퍼들은 심리적 장애라는 말을 알고 있다. 그것은 실제는 벙커, 트랩, 물웅덩이 등의 장애물을 뜻한다.

그러나 경기하는 사람의 상상 속에서 그것들은 무서운 장애가 되어 어떤 공포심을 갖게 한다. 내가 자주 가는 골프장은 공을 치는 티에서 홀까지 110m 정돈데 그 사이에 너비 15m 가량의 작은 연못이 있다. 웬만한 플레이어라면 별로 힘들이지 않고 공을 날릴 수 있는 거리다.

한 친구는 오랫동안 볼을 연못너머로 넘길 수가 없었다. 그의 볼이 번번이 물속에 빠지자, 그의 편 사람들은 화가 났고, 우리 쪽 사람들은 폭소를 터뜨렸다.

"물이 자네를 놀리는 거야. 다음번에는 자네의 마음에서 물에 대한 생각을 완전히 지워버리게. 티에서 그린까지 마음속에 그림을 그리게. 그 사이에 물이 있다고 생각지 말고, 눈앞에 쉬운 코스가 있는 것만을 마음의 그림으로 바라보게."

그는 내가 충고해준 대로 따랐다. 몇 번은 핀에서 2, 3인치 거리에 떨어트리더니 그 다음부터는 한 번도 실패하지 않았다.

로이 채프맨 앤드류는 텍사스 주의 샌안토니오 시에 서 있던 사격 이야기를 했다.

그곳에서 한 남자가 22구경 소총으로 공중에 던져

지는 1천5백 개의 작은 나뭇조각을 모두 다 명중시켰다는 것이다. 앤드류는 그것은 완벽한 타이밍이며 뛰어난 정확성이라고 칭찬했다.

그러나 나는 그 사람을 잘 모르지만, 그가 틀림없이 마음의 힘을 사용하는 사람이라고 장담할 수 있다. 그는 마음의 눈으로 보는 사람이며, 틀림없이 할 수 있다는 굳은 신념을 가진 사람인 것이다.

야구경기의 강타자나 미식축구의 유명한 키퍼, 즉 공을 자기 마음대로 움직일 필요가 있는 운동선수들이 이 마음의 그림을 그리는 기술을 이용한다면, 그들의 기능을 더욱 높일 수 있을 것이다. 물론 연습이나 타이밍, 그 외의 여러 가지 기능적인 조건을 무시하면 안 되지만, 거기에다 사고의 마술을 더해 보기를 권하고 싶은 것이다.

▶ 금방 결과를 알 수 있는 실험

이 능력을 스스로 확인하고 싶다면 다음 같은 간단한 실험을 해보라.

몇 개의 작은 돌을 준비해서, 부근의 말뚝이나 기둥 등을 표적 삼아 8내지 10미터쯤 떨어진 곳에 선다. 표적을 향해 돌을 던져본다. 만일 당신이 평범한 사람이라면 돌은 목표에서 먼 곳으로 벗어날 것이다.

그리고 이번에는 돌을 던지기 전에 그 표적을 맞힐 수 있다고 당신 자신에게 말하라. 그 말뚝이나 기둥이 당신이 던지는 돌에 맞아, 당신이 목표로 선택한 바로 그 자리에서 넘어지는 그림을 마음속에 그린다.

마침내 당신이 잘 맞추고 있다는 사실을 깨닫고 놀라게 될 것이다. 안 될 것이라고 추호라도 의심하면 안 된다. 주저하지 말고 시험해 보라.

지금 곧 활용하라

이제부터 기술 문제를 연구하기로 한다.

명함 크기의 카드를 서너 장 준비한다. 다른 사람의 방해를 받지 않고 생각을 집중할 수 있는 조용한 곳에 앉는다. 이것은 아주 중요한 일이다.

그 다음 당신이 간절하게 바라는 것이 무엇인지 당신 자신에게 물어보라. 당신이 지금 바라는 모든 소망을 헤아려보고 그 중에서 가장 절실한 것을 가려내는 것이다.

당신에게 인생의 어떤 커다란 꿈을 선택할 마음의 준비가 되어 있는지 알 수 없다. 혹은 일시적인 소망인지도 모른다. 어쨌든 의식하는 마음이 어느 것이든 결정을 해야 한다.

당신이 절실하게 바라는 것이 어떤 것인지를 확실히 결정해야 한다.

만일 그 욕구가 너무 애매하거나 변덕스러운 것이라면, 이 기술은 사용하지 않는 것이 좋다. 절실히 바라는 것이 아니라면 이 기술은 아무런 효과도 나타내주지 않기 때문이다.

만일 당신이 어느 댄스파티에 초대받고 싶어 속으로 애태우는 소녀라고 할 때, 그 희망을 당신의 잠재의식에게 알려준다면, 그 초대장은 틀림없이 당신의 손에 들어올 것이다.

그러나 만약 오늘은 댄스파티에 가고 싶고 내일은 스키를 타러간다. 모래는 백화점에서 쇼핑을 즐기려고 생각한다면, 그런 사람에게는 여기에 말하는 암시의 테크닉은 아무 쓸모가 없다.

하나의 분명한 욕구가 다른 사소한 욕구들을 내모는 경우가 아니라면, 욕망을 얻기 위해 마음의 힘을 사용하는 경지에는 이르지 못한다.

꼭 이루고 싶은 것 하나를 정하여 그것이 최대의 욕구임을 확신할 때, 그때야말로 당신 앞에 놓인 카드를 사용할 때인 것이다.

한 장의 카드에 당신의 소망을 나타내는 말을 써라. 되도록 간단하게 쓰는 것이 좋다. 한두 마디면 충분하다.

가령 당신이 고등학교 졸업생으로 우선은 대학에 들

어가는 것이 소원이라고 하자. 그러나 당신은 성적이 너무 나빠서 아버지에게 간청해도 상대조차 하지 않을지 모른다. 대학에 가고 싶다는 소망은 사실상 최근에 와서 굳은 생각이고, 그전까지는 한심스럽게도 장래 같은 것은 생각지도 않았던 것이다. 그러다 최근에 와서야 겨우 마음이 결정된 것이다.

그러면 당신은 이제 카드 한 장에 대학이라고 쓴다. 그것을 잘 보이는 곳에 두고 하루에도 몇 번씩 대학을 생각해야 한다. 당신 방 벽에도 대학이라고 쓴 카드를 또 한 장 붙인다. 책상 위에 놓아도 좋다. 이처럼 당신 주위에 대학이라는 폭탄을 마구 떨어뜨리는 것이다.

겉옷 주머니에 넣거나 교과서 책갈피에 넣어도 좋다. 그 카드를 잠옷 주머니에 넣고 그것을 만지면서 잠드는 것도 좋은 방법이다.

▶ 카드는 비밀로 할 것

여기에 꼭 강조할 것이 있다. 그것은 당신이 카드에 쓴 글의 내용을 다른 사람이 알아서는 안 된다는 것이다. 아무리 친한 친구에게라도 말하면 안 된다. 남에게 말해버리면 잠재의식의 힘을 분산시키기 때문이다.

만일 카드를 남이 볼 염려가 있다면 '대학'이라는 글자를 어떤 기호로 만들어도 좋다.

이를테면 '대'라든가 유니버시티의 이니셜인 'U'라고 쓰는 것 등이다.

그림이든 숫자든 아무거나 좋다. 다만 그것을 바라봄으로써 어떻게 해서든 대학에 들어간다는 당신의 욕구를 생각나게 하면 된다.

▶ 색다른 충동

경우에 따라 당신의 욕구에 집중하는 일이 몇 주일 또는 여러 달 계속될지도 모른다. 따라서 욕구는 정확해야 하며, 당신의 신념에 대한 확신과 지속성에 대한 자신감이 필요하다.

당신의 잠재의식이 요구하는 것을 달성하는데 있어서 무엇을 하는가는 생각지 말고, 의식하는 마음을 통해 소망을 달성하기 위한 프로그램을 계속해 나가는 것이다. 당신은 잠재의식을 절대적으로 믿고, 그 지시에 따라야 한다. 그것은 당신에게 '더 공부하라. 더 낫게 행동하라'고 충고할지도 모른다.

당신의 목표가 가치 있는 것이라고 생각하고, 또 잠재의식은 그것을 실현시켜 줄 능력을 가지고 있다고 신뢰하는 것이다.

당신의 장래는 자신에 대한 신뢰감, 잠재의식을 믿는데 대한 믿음에 달려 있는 셈인데, 잠재의식은 당신에게 여러 방법까지 지시하여 공부를 계속할 기회를 줄 것이다. 혹은 당신은 어떤 색다른 충동을 받을 때가 있을지 모른다.

그 같은 경우에는 비록 그것이 하찮고 불합리해 보이더라도 그것을 믿고 따르는 것이 좋다. 누군가와 친해지도록 암시를 받을지도 모른다. 편지를 쓰거나, 카탈로그를 모으거나, 어떤 책을 읽으라고 지시 받을지도 모른다.

이런 충동을 받거든 무조건 지시에 따르라. 잠재의식의 지시를 따르는데 망설이면 안 된다. 그때는 왜 그런 것을 해야 하는지, 그 이유를 분명하게 알 수 없겠지만 거기에는 마땅한 이유가 있는 것이다.

모든 지시나 암시는 당신이 선택한 목표를 이루도록 당신을 이끌어 준다.

당신은 단지 잠재의식에 의해 사용되는 도구에 불과하다. 결국 잠재의식은 당신의 몸을 빌려서 일을 하는 것이다.

그러나 당신만 잠재의식의 유일한 도구는 아니다. 잠재의식은 다른 도구도 찾아줄 것이다.

대학에 들어가고 싶은 당신의 잠재의식과 당신이 대학에 입학할 수 있게 도울 수 있는 사람들의 잠재의식 사이에 존재하는 하나의 교감이 도구가 되는 것이다.

어쩌면 그들은 당신을 도와주고 있다는 사실을 느끼지 못할지도 모른다. 그러나 당신의 잠재의식은 그들에게 그런 행위를 하게끔 하는 방법을 알고 있어서, 그들이 당신을 돕게 하는 행위를 하도록 암시하는 것이다.

다시 말하면 당신의 욕구를 얻는데 도움이 될 사람들을 당신에게로 끌어 들이는 현상이 발생하는 것이다.

예를 들어, 당신 아버지의 친구가 자기 아들이 대학에 가더니 생활 태도가 변해서 철이 들었다고 당신 아버지에게 말하고 싶은 암시를 받을지도 모르고, 담임 선생님은 당신이 공부를 열심히 하는 것을 보고 당신 어머니에게 대학에 진학시키라고 권하고 싶은 암시를 받을지도 모른다.

당신의 잠재의식을 믿어라. 그리고 그것이 지시하는 대로 움직여라.

일단 씨를 뿌리고, 그것을 꾸준히 기르기만 하면 당신의 힘으로는 도저히 바랄 수 없는 그런 일이 실제로 일어나게 된다.

▶ 강한 사람한테 강해져라

내가 잘 아는 젊은이가 처음으로 신탁회사에 취직을 했는데, 젊은이로서는 약간 벅찬 일이어서 겁이 났다.
"제가 내일 만나는 사람은 백만장자입니다."

어느 날, 그는 내게 이렇게 말했다.

"그 백만장자의 비서실에 들어가는 순간부터 저는 위축이 되어 겁을 집어먹게 됩니다. 그 비서실에 앉아 있는 여비서는 얼음같이 차가운 눈으로 저를 바라봅니다. 저는 내일 그 백만장자와 만나기로 약속이 되어 있습니다. 그는 우리 회사에 막대한 자본을 투자하려는 고객입니다. 그런데도 나는 자신감이 없어서 그 비서에게 내 이름을 말하려면 나도 모르게 목소리가 떨립니다. 그리고 그녀가 나를 안내할 때도 몹시 무시하는 듯한 표정과 태도였기 때문에, 나는 그의 방문을 열고 들어가기 전에 이미 얼어붙어버렸습니다."

나는 그 젊은이의 기분을 잘 알 수 있었다. 장사를 하는 사람이면 누구나 다 아는 일이지만, 상품을 판다는 것은 한판 승부처럼 힘든 것이다.

"그 사람의 생김새는 어떤가?"
하고 나는 물었다.

그에게 자신을 갖게 할 실마리를 찾으려 했던 것이다.

"네, 매우 당당합니다."

젊은이는 두 팔을 벌려서 노인의 몸집이 큰 것을 표현하였다.

"흰머리가 많고, 짙은 눈썹이 상대방을 압도하는 인상이었으며 게다가 목소리도 크고……."

나는 젊은이의 말로서 상상할 수 있는 그림을 마음에 그렸다. 이것을 어떤 식으로 설명해야 그에게 도움이 되나? 그 젊은이가 만나려는 노인의 모습도 대충 짐작할 수 있었다.

짙은 눈썹에 큰 목소리의 노인이라는 것에서도 힌트를 얻을 수 있었다.

"그런가? 알겠네. 그는 마음이 약한 사람은 위압적으로 아무 말도 못 붙이게 만드는 모양이군. 그러나 그것을 반대로 말하면, 그는 틀림없이 자기와 대등하게 말할 수 있는 용감한 사람을 좋아할 것 같네. 여보게, 그 털보 영감이 수영복 차림으로 바닷가에 있다고 생각해 보게."

"틀림없이 털부숭이 곰 같은 모습일 거예요."

그러는 동안에 조금씩 그의 긴장이 풀리는 것 같았다. 이것이 실마리가 되어서 나는 그를 도와줄 수 있는 방법을 생각했다.

"그래 자네 춤추는 곰을 본 적 있나?"

내가 그에게 물었다.

"곰은 으르렁대지만 사람을 물지 않는다고 들었습니다."

그는 내가 의도한 대로 끌려오기 시작했다.

"자네가 고객으로 만들고 싶은 그 노인이 빨간 모자를 쓰고 서툴게 외다리로 서 있네. 다음 또 다른 쪽

다리로 서네. 손풍금 소리에 맞춰 춤을 추네."

나는 노인의 모습을 하나씩 그려갔다.

"곰을 부리는 사람이 구경 값을 받으려고 둘러선 구경꾼들 앞에 낡은 중절모를 내밀고 있네"

젊은이의 마음에서 공포심을 없애기 위해 백만장자이고 풍채 좋은 노인을 곰이 재주를 부리는 것처럼 볼품없는 노인으로 만들어 버린 것이다.

나는 더 이상 말할 필요가 없었다. 젊은이는 이미 마음의 장애를 극복하고 있었다.

그 후 젊은이는 백만장자의 비서실에 있는 여비서에게는 눈길도 주지 않고, 안에 있는 늙은 곰을 만나기 위해 돌진해 들어갔다. 자기의 이름을 말하며 출입문의 손잡이를 잡았다. 여비서가 고개를 끄덕이자, 곧 문이 열렸다.

그리고 그 다음 노인에게 별다른 상담도 하지 않고 2만 달러 상당의 주식을 팔았다고 한다.

그처럼 두려운 마음이 사라지자, 그의 민첩하고 매력적인 태도와 편안한 마음이 그 뒤의 일은 모두 맡아서 처리해 주었던 것이다.

그 젊은이는 그 이후 다른 어려운 상담에도 이를 응용할 수 있게 되었다. 마음의 눈으로 보는 방법이 두려움을 없애는 계기가 되었던 것이다.

▶ 중견 간부도 평범한 사람이다

　큰 회사의 중역들은 비서나 사원들에게 둘러싸여 어쩐지 접근하기 힘들다. 보기에 따라서는 위압적이기까지 하다. 그러나 당신이 잠재하는 마음에 귀를 기울이는 기술을 알고 있다면 그런 중역들도 매우 인간적인 사람들이라는 것을 알게 될 것이다.
　그들도 같은 사람들이다. 그런 생각으로 그들을 보아야 한다. 그들도 다른 사람들과 마찬가지로 도덕성과 단점을 갖고 있는 것이다. 그리고 당신의 잠재의식은 언제나 당신 옆에서 적당한 접근법을 암시해주려고 기다리고 있다.
　어떤 사람에게는 거리낌 없이 또는 소탈하게 대하는 것이 좋다. 또 은근하고 점잖게 대해야 좋아하는 사람도 있다. 이렇듯 많은 사람들을 올바르게 보는 법을 알면 마음의 장애가 없어져서 원활한 대인 관계를 갖게 된다.
　당신은 타인을 이해하게 되고, 자신의 주위에 벽을 쌓고 사는 사람일수록 일단 그 벽이 없어지면, 손쉽게 접근할 수 있다.
　한 젊은 변호사가 내게 말해준 경험이 이것을 잘 설명해 준다.
　"언젠가 나는 유명한 선배 변호사를 상대로 법정에

서 대립한 적이 있습니다. 그는 젊은 변호사들이 모두 두려워하는 사람이었습니다. 한동안 법정에 앉아 눈을 감고 스스로에게 타일렀습니다. 나 역시 그와 똑같은 법조인이다. 어떤 면은 그보다 나은 점도 있다. 저 사람 정도는 문제없이 누를 수 있다. 그렇게 몇 초 동안 속으로 말한 후 눈을 뜨니 두려움이 없어졌습니다. 나는 그를 이길 수 있다고 느꼈던 것입니다. 그리고 실제로 그 사건에서 이겼습니다. 나는 지금도 어려운 사건을 맡거나 배심원이 부정적으로 보일 때면 잠재의식에게 맡깁니다. 어쩌면 우연일지 모르지만 그 때마다 성공을 하니 아주 신통한 일입니다. 잠재의식은 항상 활발하게 작용하여 좋은 결과로 이끌어 줍니다."

▶ 매상 올리기

1930년대 불황 때 어느 큰 식료품 연쇄점의 간부와 부서의 직원들이 모두 함께 상담을 하러 온 일이 있었다. 6주 동안 내 강의를 들은 그 사람들은 배운 것을 실제로 응용해 보기로 했다.

즉, 어떤 상품을 선택해서 정신력으로 그 상품의 매상을 늘리려 한 것이다.

각 연쇄점은 내가 알려준 대로 선별한 상품에 한하여 일주일에 하루만 적용하기로 했다. 논의한 끝에 선별된 상품은 치즈·베이컨·연어 그리고 흔한 채소류였다.

대매출 전날 각 코너의 지배인은 부서의 점원들을 세심하게 지도했다. 손님이 들어올 때마다 손님이 선별한 상품들을 사는 모습을 마음에 그리라고 지시했다. 물론 선별된 상품들은 눈에 잘 띄게 진열해 놓았다. 그 결과로 그 날의 매상은 참으로 놀라울 정도였다. 치즈 판매부는 지난 6개월 동안에 있던 최고 판매보다 훨씬 웃도는 실적을 올렸다.

토요일에 베이컨을 판매하는 코너는 정오도 되기 전에 다 팔았고, 금요일에 연어를 파는 코너는 같은 시내에서 연어를 판매하는 가게들의 총 매상보다 더 많은 매상을 올렸다. 오이·호박 등을 파는 야채 코너는 그 날 두 번이나 추가 주문을 할 정도였다.

당면하고 있는 일에 신념을 갖느냐 그렇지 않느냐 하는 문제는 그 일의 성패에 절대적인 영향을 끼치는 것이다.

세상에는 자신이 깨닫지 못하는 사이에 신념의 힘을 이용하고 있는 사람도 많다. 그러나 만일 확실하게 좋은 결과를 얻고 싶다고 생각하면, 의식적으로 잠재의식에게 일을 맡기고, 그 힘을 믿고, 그 지시에 따르는 것이 좋다.

▶ 신념의 힘

 어렸을 때 커피의 원두를 갈아서 혼합하는 방법이 배 다른 사람들의 기술보다 낫다는 확신을 갖게 되어 마침내 그것을 자신의 직업으로 삼아 성공한 사람이 있다.
 많은 돈을 번 그는 백만장자가 되어 은퇴한 뒤에도 자기 제품에 맞서는 물건은 어디에도 없다는 확신을 가지고 있었다. 그 같은 신념은 사람의 마음 깊이 잠재하는 마음에서 오는 것인데, 그것은 식물의 덩굴처럼 줄기를 뻗쳐 다른 사람에게도 신념을 갖게 한다.
 나는 전에 팸플릿을 만들려고 인쇄업자에게 원고를 맡긴 일이 있었다.
 다음날 아침 인쇄업자가 숨 가쁘게 내 사무실로 뛰어 들어왔다. 내가 놀라서 무슨 일이냐고 묻자, 그는 더듬거리며 다음 같이 대답했다.
 "방금 전에 정말 이상한 일이 있었습니다. 어제 선생님의 원고를 받아 집으로 가져가서 읽어보고 '만일 여기 쓴 것이 사실이라면 내가 찾아갔을 때 내 차를 주차할 자리쯤은 남아 있을 것이다' 하고 말했지요. 그리고는 몇 분 전 선생님의 사무실에 오기까지 그 일을 까맣게 잊고 있었습니다. 그런데 거의 다 와서 그런 일이 정말 있을 수 있을까 하는 생각이 문득 들었습니다. 그런데 모퉁이를 돌아 6번 가로 들어서니 차들이 빈틈없이 주차하고 있어서 내 차를 세울 공간은 눈 씻고 봐도 없었습니다.

역시 거짓이었구나 싶어 그런 공상은 깨끗이 지워 버리려고 했지요. 그런데 앞에 건널목을 지나가는 보행자를 건너게 하느라고 차를 서행하면서 보니 마침 이 빌딩의 정면에 서 있던 자동차가 빠져나가는 것이 아닙니까. 주차할 자리가 생긴 것입니다. 나는 왠지 온 몸에 소름이 돋는 것을 느꼈습니다. 이것이 확신의 결과일까요?"

"아마 그럴지도 모르지요."

이것을 우연의 일치라고 생각한다면 그렇게 생각하라. 그러나 인쇄업자는 결코 우연의 일치라 생각지 않았다. 그의 인쇄소는 그 뒤 얼마 안 되어 3배 이상으로 일거리가 밀렸다. 다른 인쇄업자들은 일거리가 없어 고전하던 시기에 그렇게 됐으니 더욱 신기한 일이 아닐 수 없다.

나는 가끔 그 인쇄업자의 체험을 사람들에게 들려주곤 했다.

그 후 어느 여대생은 동생과 번화가로 쇼핑을 갈 때면 자기가 주차하고 싶은 곳 가까이에 주차할 자리가 반드시 난다고 단언하고 떠난다. 그러면 언제나 빈자리가 남아 있다는 것이다.

어느 큰 병원의 의사가 내게 이렇게 말했다.

"마법의 힘인지, 아무튼 그 효력에는 놀라지 않을 수 없습니다. 그 한 예는 아침 출근길에 병원 가까이에 들어설 때 내가 원하면 언제나 신호등이 파란 등이에요. 그 덕분에 차를 멈추지 않고 곧장 올 수 있습니다. 빨간 등이 켜진 일은 한 번도 없었습니다. 이제 그것을 당연한 일로 생각하게 되었습니다."

이와 같은 일들을 당신은 그저 단순한 기회, 즉 우연의 일치라고 생각하는가?

이 일에 대해서 시카고 대학의 마슈즈 박사는 다음 같이 말했다.

"우리는 강렬한 욕구로, 밖에서 일어나는 어떤 현상에 영향을 줄 수 있다. 당신의 욕구가 당신 자신에게 주는 효과에 대해서는 심리학적 증거가 있다."

▶ 사람을 변하게 하다

여기 당신 친구에게 해도 좋을 재미있는 실험이 있다. 그 대상으로는 남성이나 여성이나 상관없다. 단정치 않은 차림으로 언제나 불만스런 얼굴을 하고 있는 한 여자가 있다고 가정을 하고 당신이 정신적인 방법으로 그녀를 개조하는 실험이다.

그녀가 매무새나 표정을 바꾸면 얼마나 아름다운 여자가 될 것인가 하고 당신 자신에게 말하고, 그녀가 미소를 지으면 얼마나 매력적일까 하고 당신 자신에게 일러두라.

그리고 이것을 당신 마음속에서 행동에 옮기는 것이다. 한 마디도 말해서는 안 된다. 그녀가 함께 있을 때는 언제나 그런 생각을 하는 것이다.

놀라지 마라. 때가 되면 그녀가 미소를 띤 귀여운 모습으로 당신 앞으로 걸어올 것이다.

신념의 힘은 이처럼 강한 것이다.

제 4 부

당신의 의지대로 할 수 있다

분명한 목표를 가진 사람,
자기 욕구에 대해서 선명한 마음의
그림을 가진 사람, 의식하는 마음속에 이상을
지속하는 사람은 그 목표·그림·이상을 반복하는
방법을 통해 잠재의식 속에 그 의지를 깊이 심어놓을 수 있다.

암시와 상상력

 암시는 반복되는 믿음을 구체화시키고, 반복은 모든 발전의 근원을 이루는 리듬이다.

 아이나 어른 할 것 없이 누구에게나 걱정·근심·공포 등은 상상 속에서 오는 것이다.

 예를 들면 대부분의 사람, 특히 아이들은 치과에 가는 것을 두려워한다. 그것은 치료하며 실제로 받는 고통보다는 거기서 어떤 고통을 받을까 하는 걱정 때문이다.

 <아메리칸 위크>지는 1940년 7월 7일 호에 피츠버그의 한 치과의사 이야기를 싣고 있다. 그 의사는 아이들을 전문으로 치료하고 있는데, 치료실 옆방에 놀

이방을 마련하여 장난감으로 모래 상자며 블록 등을 잔뜩 갖추고 있다.

아이들이 그곳에서 노는데 정신이 팔려 이빨에 관한 생각을 잊게 하려는 의도이다. 일단 그 아이가 치료받는 의자에 앉으면 이빨에 관한 이야기는 하나도 꺼내지 않고 다른 이야기를 해서 집중하게 만든다. 전기 드릴에는 스위치가 달려 있어서 아이들이 그것을 마음대로 작동할 수 있게 되어 있다.

의사는 치료하기 전에 아이들에게 조금이라도 아프면 바로 스위치를 꺼도 된다고 말해 둔다. 이 치과의사는 인기를 얻어서 대단히 번창하였다. 그것은 그가 아이들의 마음속의 장애물을 제거해 주었기 때문이다.

어느 이발사도 이와 비슷한 방법으로 어린 손님의 문제를 해결했다.

어린 아이들에게 대단히 인기를 얻고 있는 그 이발소의 앞면 거울 스탠드에는 그림책이 많이 놓여 있다. 어린 아이가 의자에 앉으면 이발사는 바로 책 한 권을 어린 아이의 손에 들려주는 것이다.

이발을 시작하기 전에 아이들의 마음은 책 속으로 빨려 들어가 버린다.

"어떤 때는 이 방법이 통하지 않을 때도 있습니다. 아직 그림책에 흥미를 갖지 못하는 아주 어린 꼬마들의 경우지요. 그런 때는 누르면 삑삑, 찍찍 하고 이상한 소리를 내는 장난감을 줍니다. 요컨대 아이들에게 이발한다는 생각을 잊어버리게 만드는 것입니다. 그렇게 되면 별로 문제될 것이 없습니다."

마음의 그림은 기이한 결과를 초래한다. 당신은 전보가 오면, 그것을 보기에 앞서 여러 가지 일을 상상하게 된다.

전에 몸이 편치 않다고 편지를 보냈던 누이가 쓰러져 있는 모습이 떠오르기도 하고 또는 출장을 간 아버지가 교통사고가 나서 비참한 모습으로 병원 침대에 누워 있는 장면이 생각나기도 한다.

그러다가 전보를 보고 나서야 친척이 방문할 예정이라는 내용인 것을 알게 된다.

대부분의 사람은 어떤 불행한 일이 있을 것이라는 상상을 하는 습관을 갖고 있다. 이러한 습관을 버리지 않는다면 결국엔 그것이 자신이나 친구, 가족들에게 마음의 눈으로 본 재앙이 나타나게 되는 것이다.

그러한 재앙을 피하기 위해서도 우리들은 자기의 생각을 조율할 필요가 있다. 어떤 사람은 전화벨이 울릴 때마다 위장에 무언가 가라앉는 듯한 느낌을 받는다고 한다.

그러나 실제로는 전보를 본다든가 전화를 받는 것일 뿐이다. 무엇 때문에 그런 쓸데없는 근심이나 공포심을 기르려 하는가.

▶ 상상력이 일으키는 위대한 힘

호텔 방 하나에 서로 모르는 두 여행객이 함께 투숙해 잠을 잔 이야기는 가끔 사람들의 입에 오르내리는 화제이다. 호텔이 초만원이 되는 바람에 평상시에는 창고로 쓰던 방이 침실로 바뀌어서 두 손님에게 제공된 것이다.

한밤중에 한 손님이 깨어 방안의 밀폐된 공기 때문에 숨이 막혀 답답하다고 투덜거렸다. 그리고 어둠 속에서 일어나 더듬거리며 창문을 찾았다. 창을 열려고 해도 열리지 않자, 그는 구두로 유리창을 깨버렸다.

그들은 상쾌한 공기를 마시며 편안하게 다시 잠이 들었는데, 아침에 깨어 보니 유리창은 깨지지 않았고, 박살이 난 것은 화장실 문의 유리였다고 한다.

2차세계대전 중 <더 위크 메거진>에 실린 M. 웨스트라는 여자 이야기도 이와 비슷한 것이다. 그녀는 남태평양에서 미국으로 돌아오려고 수송선에 탑승했는데, 좁은 선실에는 17명의 여자들로 가득 차 있었다고 한다. 등화관제로 바깥으로 통하는 창은 모조리 닫혀 있었고, 선실은 숨이 막힐 지경이었다.

배는 다음날 아침 출발할 예정이었으므로, 전원이 침대에 들어가서 불을 끈 뒤라면 창문을 열어도 좋다는 승낙을 받아냈다.

한 여자가 창문을 열자, 여자들은 살았다는 듯이 심호흡을 한 후 모두 편히 잠이 들었다. 그런데 아침에 깨어보니 여자가 연 것은 이중창문의 안쪽 창이었고, 바깥 창은 밤새 닫힌 채여서 통풍은 안 된 채였다.

식량을 배급받아 살던 시절의 사람들은 친구 집에 가서 마가린을 버터로 알고 먹기도 했다.

금주령이 내렸을 때에는 가짜 위스키를 병에 담아 진짜라는 딱지를 붙여 팔아도 사람들은 알지 못했다. 어떤 때는 잉어가 도미로 바뀌어도 그 맛을 아는 사람은 하나도 없었다.

현대의 과학은 상상력의 결과로 발생하는 현상들을 증명하고 있다.

우표를 환자의 피부에 붙이고, 그것을 겨자로 만든 고약이라고 하면 우표가 붙은 부분에 물집이 생긴다.

개에게 음식을 줄 때마다 종을 울리면 종소리와 음식의 연상 작용이 일어나, 나중에는 음식을 주지 않고 종소리만 들려주어도 개의 위에서는 위액이 나온다.

음식점에 가면 가까운 자리에 맛있는 음식이 나오는 것을 보면, 입안에는 저절로 군침이 돌고 시장기를 느끼게 된다.

양파껍질을 벗기면 눈물이 나온다. 그런데 누가 멀리 떨어진 곳에서 양파를 벗기는 것을 보기만 해도 눈에 눈물이 나는 사람이 있다.

또 어떤 사람들은 식사를 하고 나면 꼭 소다수를 마셔야 한다고 말한다. 그러나 의학자들은 이것은 단순히 그들이 상상으로 필요하다고 믿기 때문이며 의학적인 근거는 없다고 한다.

레몬을 먹는 친구 옆에 앉아서 휘파람을 불어 보라. 잘 불어 지지 않을 것이다. 그것은 레몬을 보는 것만으로 그 신맛이 생각나서 입에 저절로 침이 고이기 때문이다.

마크 트웨인은 <담배에 대하여>라는 짧은 수필에서 다음 같이 말했다.

"사람들은 좋은 담배와 나쁜 담배를 구별할 수 있다고 자신하지만 사실은 그렇지 못하다. 그들은 담배의 향으로 구별할 수 있다고 하지만, 사실은 상표를 보고 구별하는 것뿐이다."

싸구려 담배만 피우기로 소문난 트웨인이 어느 날 한 친구한테서 하나에 40센트나 하는 고급 시거를 몇 개 빌렸다. 그리고 담배의 품질을 표시하는 빨강과 금색의 상표를 모두 떼어버리고 자기 담배 케이스에 넣었다.

식사가 끝난 뒤 친구들에게 그것을 하나씩 건네주었더니 모두들 두세 모금 빨고는 내던지더라는 것이다. 친구들은 그 담배가 당연히 트웨인이 피우는 싸구려 담배인줄 알았던 것이다.

담배 맛을 아는 데는 상상력이 중요한 역할을 한다. 담배는 종류에 따라 향이 달라서 그들 중에는 그 차이를 구별할 수 있는 사람도 있었을 것이다. 그러므로 모두가 다 좋은 담배를 버리지는 않았겠지만, 그들의 상상력이 선입관이 돼서 트웨인의 값싼 담배려니 하고 생각한 사람이 대부분이었던 모양이다. 상상력이 선입관을 압도한 것이다.

프랑스 철학자 C. 푸리에는 약 150년 전에 "세계의 미래는 인간의 두뇌로 만들어질 것이다. 말하자면 욕구나 감정에 의해서 세계가 형성·관리·지향되고, 그것에 의해 인간은 움직여질 것이다."고 말했다.

이 예언이 오늘날에 사실로 나타나고 있음을 부정할 수는 없다.

당신이 바라는 것은, 인간의 상상력이 가져다주는 강한 힘에 대해서이다. 그것을 깊이 연구하고 끊임없이 경계해야 한다.

▶ 잠재의식에 보내는 암시

당신의 잠재의식을 작용시키는데 있어 가장 중요한 조건은 바로 신념이다. 이것은 아무리 강조해도 지나치지 않다.

다음으로 당신의 욕구를 달성하기 위해 잠재의식의

위대한 능력을 작동시키려면 암시를 보내야 한다.

남의 주의를 끄는 매력이나 인격을 갖고 싶은가? 그러면 그렇게 되어 있는 당신의 모습을 마음의 눈으로 보는 것이다.

아니면 당신은 사업에 성공하고 싶은가? 그렇다면 원하는 대로 성공한 당신의 모습을 마음속에 그려야 한다. 또 성공한 사람의 초상이나 좌우명을 방에 걸어 두는 것도 좋은 방법이다. 잠재의식의 주의를 불러일으킬 만한 것이라면 무엇을 사용해도 좋다.

내가 이 방법을 어떤 사람에게 가르쳐 주었더니 그는 웃어 버렸다.

"저런 어리석은……, '새 자동차'라고 써 놓고 그 자동차를 가진 자신을 상상하라니 원……."

그는 처음에는 비웃으며 그렇게 말했다.

"어쨌든 한 번 해보시오."

나는 계속 그를 설득했다.

그는 결국 그렇게 하기로 했다. 그런데 그는 정말로 몇 개월 후에 새 차를 타고 와서 내게 보여주었던 것이다.

몇 년 전, 어떤 남자에게 이 방법을 가르쳐 준 적이 있는데, 그 남자는 한 아가씨와 애타게 결혼하고 싶어 했다. 그 후 그는 그 아가씨와 결혼했다.

또 어떤 남자의 최대의 소원은 재산이었다. 그는 이

방법을 사용하여 많은 재산을 모았다. 또 바닷가의 별장이나 커다란 저택을 갖고 싶어 하던 사람들도 이 방법으로 그들의 소원을 이룰 수 있었다.

▶ 비밀로 하라

여기서는 주의사항을 다시 한 번 강조하려고 한다.

그것은 욕구를 성취하기 위해 당신이 하고 있는 이 방법을 남에게는 말하지 말라는 것이다.

"내가 쓰려고 하는 작품의 줄거리를 남들이 알아버리면 작품을 계속해서 쓸 흥미를 잃어버린다"고 말한 작가는 다음과 같이 덧붙여 말했다.

"줄거리는 다 알려져 버렸다. 무엇 때문에 다시 알려진 작품을 써야 하는가? 좀 더 재미있고 참신한 방법으로 시작해야 하지 않을까?"

이와 같은 생각이 든다는 것이다.

비밀은 힘을 기르게 한다. 만일 당신의 상담을 당신 자신이 한다면 반드시 정신을 집중할 수 있을 것이다.

친구와 당신의 야망에 대해서 말하지 말라는 것이 아니다. 당신의 마음속에 있는 것을 다른 사람들과 의논하지 말라는 것도 아니다. 주위 사람들의 조언이나 도움은 필요하다. 그러나 목적 달성을 위해 잠재의식의 도움을 청하는 기술적 방법은 절대로 남에게 비밀로 해야 한다.

비밀로 해야 하는 또 다른 이유는 다른 사람의 잠재의식이 당신에게 저항할지도 모르기 때문이다. 누군가에게 당신이 하고 있는 것을 말해버리면 상대방의 잠재의식이 당신이 하고 있는 일을 방해할 수 있다. 그리고 그 방해 때문에 당신의 신념이 약해질 염려가 있다.

또 당신의 야망을 털어놓은 상대가 어떤 개인적인 이유로 전부터 당신을 미워했을지 모른다. 그 같은 경우가 되면 그와 당신의 잠재의식이 서로 싸울지도 모르는 것이다.

당신이 야망을 이루려고 카드를 사용하고, 마음의 눈으로 보고, 또 반복하는 행위를 어느 누구에게도 비밀로 하라는 것이다.

다른 사람의 사고의 진동은 의식적 또는 무의식적으로 당신에게 반대로 작용할 수 있기 때문이다.

이런 사례가 있다. 어떤 의사가 2차세계대전 초기에 해군 군의관을 지원했다. 그리고는 즉시 병원을 폐업하고 만나는 사람들에게 해군에 가게 됐다고 말했다. 그 바람에 아직 임관도 안 된 상태에서 여기저기 송별 파티에 가게 되었고, 많은 선물을 받았다. 그가 말했다.

"지원한 지 2년이 돼서야 겨우 해군 군의관 임관 통

지가 온 것입니다. 그 동안에 나는 다시 개업을 해야 했습니다. 가지도 않으면서 괜히 송별 파티의 초대를 받는다. 선물을 받는다 하고 난리를 피웠으니 나나 가족들이나 다 민망하고 지겨운 일이었습니다. 2년 동안을 기다리느라고 정말 지쳐 버렸습니다."

만일 그가 그때 자기의 계획을 누구에게도 말하지 않고, 자기를 의식하는 마음과 잠재의식 속에만 간직했더라면, 그는 즉시 군의관에 임관되었을 것이다.

그러나 그는 자기의 계획을 사람들에게 말해서 그 힘을 분산시켰다. 그는 자신의 집중력을 잃었다. 그리고 그를 그 위치에 있게 도와줄 사람들의 마음을 끌어당기는 작용을 할, 자신의 잠재의식의 힘을 약화시켰던 것이다.

당신이 하려는 일을 말해 버리면 당신의 집중력은 어느 사이엔가 흩어져 버린다. 당신과 잠재의식의 밀접한 연락이 끊기게 되는 것이다.

여기에서 말하는 주의 사항을 간과하면 자칫 당신의 계획을 처음부터 다시 수정을 해야만 하는 일이 생길 것이다.

예수가 병을 고치고 나서 환자에게 '가라, 남에게 말하지 말라'고 명령한 데는 다 그만한 이유가 있는 것이다.

세상은 사람들에게 말한다.
"대중이 생각하는 것과 같이 생각하라. 대중이 믿는 것과 같이 믿어라.

대중이 먹고 마시는 것을 먹고 마시라. 대중이 입는 것을 입어라. 그렇지 않으면 그대는 사람들에게 미움을 받으리라."

▶ 자기암시는 필요하다

노래·주문·암송 등은 의식하는 마음이 그 욕구를 잠재의식에게 암시로 전달해 주는 수단이 된다. 소리내서 반복하는 말이나 문구는 어떤 유의할 사항을 잠재의식에게 인식시킨다.

자기암시는 어떤 기본적인 것을 마음속에 만드는 유일한 방법이다. 잠재의식은 감수성이 매우 예민하여 맞든 틀리든, 또는 적극적이든 소극적이든 당신이 주는 것을 그대로 믿고 받아들인다.

그래서 잠재의식은 일단 무엇을 받아들이기만 하면, 그것을 굳게 지키고, 그것을 구체화시키고 실현시키기 위해 모든 능력을 다하여 활동하기 시작한다.

▶ 간결한 말을 써라

당신의 생각을 잠재의식에게 전달하는 데는 간단한 말로 하는 것이 좋다.

예를 들어 지금은 괜히 기분이 좋지 않아 당신은 어떻게 해서든지 그 마음의 상태를 바꾸고 싶다. 그럴 때 카드를 사용할 필요는 없다. 다만 '나는 행복하다'라고만 하면 되는 것이다. 그것을 자신을 향해서 계속해서 되풀이하라. 그러는 사이에 반드시 당신의 기분은 좋아질 것이다.

멋있게 말을 하고 싶다든지, 남에게 정겨운 인상이라는 말을 듣고 싶은 경우에도 마찬가지다. 자기 자신에게 나는 남을 설득할 수 있는 사람이다. 나는 누구에게나 정답다는 말을 듣는다. 모든 것은 잘 돼가고 있다고 몇 번이고 되풀이하는 것이다.

그리고 만일 그 결과를 영구적인 것으로 만들고 싶으면 그 말을 자주 반복하여, 성과가 완벽하게 지속될 때까지 계속하면 된다.

분명한 목표를 가진 사람, 자기 욕구에 대해서 선명한 마음의 그림을 가진 사람, 의식하는 마음속에 이상을 지속하는 사람은 그 목표·그림·이상을 반복하는 방법을 통해 잠재의식 속에 깊이 심어놓을 수 있다.

그 결과 잠재의식의 독창적인 힘이 작용하여 최소의 시간과 최소의 노력으로 그 목적을 성취시켜 준다.

예를 들어 당신이 높은 지위에 오르기를 원한다고 하자. 당신은 지금까지 맡았던 일은 충분히 익혀서 언제든지 다음 일을 처리할 능력이 있는 상황이다.

이럴 때 잠재의식의 힘을 빌려 오는 것이다. 자기

암시를 위하여 앞에서 말한 카드를 사용해 보라.

 승진한 다음 여유 있게 의자에 앉아 있는 자신의 모습을 마음의 눈으로 보라. 당신에게는 승진할 소질이나 능력이 충분히 준비되어 있다는 것을 잠재의식에게 알려라.

 잠재의식은 그것이 실현되도록 도울 것이다. 상사는 당신의 잠재의식의 암시를 받아 당신이 한 일을 인정하고 당신의 능력에 대해 생각하게 될 것이다. 혹은 잠재의식이 당신을 채근해서 상사한테 당신의 희망을 말하게 할지도 모른다. 잠재의식에 이끌려 당신에게 도움이 될 말이 자연스럽게 나오게 마련이다.

 당신 자신의 소원을 사고와 의식, 그리고 잠재의식에 강하게 지속시키면 그것을 얻을 것이다.

 그것은 두꺼운 판자에 못을 박는 것에 비유할 수 있다. 망치로 못을 처음 칠 때는 못을 박으려는 위치에 고정시킨다. 그리고 못을 완전히 박으려면 몇 번이고 되풀이해서 쳐야만 한다.

 당신이 명령한 것을 잠재의식이 받아들여 실현시켜 준다고 믿으면서, 당신의 소원을 못을 치듯이 반복해서 심어 주어야 하는 것이다.

▶ 잠재의식을 창조적인 생각으로 채워라

두 개의 물체가 하나의 공간을 같은 시간에 차지할 수는 없다.

다시 말해 한 말의 쌀과 한 말의 보리를 함께 한 말들이 포대에 담을 수는 없다. 당신의 마음도 이 포대라는 공간에 비교할 수 있다. 당신 마음이 적극적이고 건강하고 창조적인 생각으로 가득 차 있다면, 거기에 소극적인 생각이나 의구심은 넣을 자리가 없게 된다.

또 당신의 마음을 문이 하나뿐인 방이라 생각하고 그 하나뿐인 열쇠도 당신이 가지고 있다고 하면, 그 문으로 누가 들어오는가 하는 것은 당신이 정하게 돼 있다. 그 방이 적극적인 생각으로 채워지는가, 소극적인 생각으로 채워지는가는 당신이 선택하기에 달렸다.

당신의 잠재의식은 어느 쪽이 됐든 들어온 것들 중에서 무조건 가장 강력한 힘에만 반응을 한다.

또 당신의 마음을 맑은 물이 가득 차 있는 통으로도 비유할 수 있다. 그 통에 어떤 물건을 넣으면 물이 넘쳐서, 넣은 물건의 양만큼 물이 흘러나오는 것은 당연한 일이다.

만일 그 통 속에 부정적인 생각이나 걱정·공포·의혹 등이 들어가 버리면 적극적이고 창조적인 생각은 밀려나기 마련이다.

잠재의식에 좋지 않은 생각이 들어가는 것을 허락하지 않으면 당신의 잠재의식은 건재하다.

당신의 잠재의식을 적극적인 생각으로 채워 놓아라. 그러면 당신의 잠재의식을 외부의 부정적이고 파괴적인 생각으로부터 보호할 수 있다.

옛날부터 현인들은 행복하려면 일에 열중하고 바쁘게 지내라고 가르쳤다. 그 까닭은 한 가지 일에 마음을 빼앗겨 생각이 그것에만 집중되면, 마음의 틈새가 생기지 않기 때문이다.

의사, 사업가 등 전문 직업인에게는 오락거리를 가지라고 권하고 싶다. 그러면 그들의 마음은 스트레스로부터 벗어날 수가 있다. 혹은 어떤 사람들은 여행이나 이사를 권하고 새 고장에 가서 새로운 친구를 사귀라고 말한다. 그러면 살던 곳에서는 벗어나기 힘들었던 문제들로부터 빠져나올 수 있다.

일할 때나 한가할 때나, 당신의 마음을 여러 가지 흥미 있는 일로 채워라. 의식하는 마음을 사용하여, 당신의 잠재의식을 해로운 생각으로부터 보호해야 한다.

잠재의식은 소중하게 지켜야 할 보물 창고일 뿐만 아니라, 우리를 위하여 활동하는 살아 있는 보물 창고이기도 하다. 우리는 우리가 희망하는 것을 잠재의식을 통하여 얻을 수 있는 것이다.

마술사 서스톤은 무대에 오를 때면 몇 번이고 이렇

게 되풀이했다.

"나는 관객들을 사랑한다. 그래서 내가 할 수 있는 최선의 것을 그들에게 보여주는 것이다."

▶ 반복되는 변화

서스톤은 그의 말대로 항상 관객들에게 최상의 것을 보여주었고, 그 때문에 관객들은 그를 사랑한 것이다.

반복은 모든 진보의 근원을 이루는 리듬이다. 이 우주에도 리듬이 있다.

기차는 '칙칙폭폭' 하는 소리로 열차를 끌고 대륙을 횡단한다. 자동차의 엔진은 힘을 만드는 반복의 소리를 낸다.

분명하고 끊임없는 반복은 저항력을 물리치고 장애물을 제거 한다. 반복되는 자기 암시 또는 타인 암시는, 당신과 다른 사람들을 믿게 만든다.

하버드 대학의 심리학자 맨스터버그 교수는
"반복의 가치는 내부적 기구나, 마음가짐의 관계에서 확실히 이해된다."

파리의 한 심리학 연구소에서는 같은 레코드를 몇 번이고 반복해 들려준다. 그 레코드는 당신이 건강하다는 것, 당신에게는 고난을 극복할 힘이 있다는 내용이다. 그 연구소의 연구원들은 잠자는 어린이에게 몇 번이나 반복해서 건강하고 훌륭하게 자랄 것, 신경질을 부리지 말 것, 음식은 무엇이든지 잘 먹을 것 등을 암시해 준다.

그들은 특수한 아이들이 갖는 나쁜 버릇은 무엇이든 암시로써 교정할 수 있다고 굳게 믿고 있다. 잠자고 있을 때는 잠재의식과의 접촉이 깨어 있을 때보다 훨씬 쉽다는 생각에서 이런 작업을 하는 것이다.

로마의 역사를 다시 읽어 보라.

로마의 정치가 카토는 '로마와 카르타고는 공존할 수 없다'고 믿고 있었다. 이러한 확신 때문에, 그는 상원에서 한 모든 연설을 '카르타고는 멸망시켜야 한다'라는 말로 끝맺은 것이다. 로마 시민들이 이 말을 잠꼬대로까지 하게 되도록, 그는 이 말을 되풀이했다. 그래서 드디어는 고대국가 중 최대의 해군력을 자랑하던 카르타고가 로마에게 멸망했던 것이다.

▶ **남의 의견에 쉽게 동조하지 마라**

다른 사람의 부정적인 생각이 자신에게 영향을 미치는 것을 내버려두다가 혼란을 겪고 좌절하는 사람이 많다. 이것은 많은 세일즈맨들의 약점이 된다. 그들은 찾아간 고객이 상품의 결점을 말하며 살 수 없다고 하면, 자기도 모르게 그 생각을 받아들이게 된다.

그런 부정적인 생각들을 오랫동안 듣게 되면 신념이 강한 사람일지라도 기가 꺾이게 된다.

그런 생각에 대해서는 문을 굳게 닫고, 당신 자신의 적극적인 생각으로 물리쳐야 한다. 그렇지 않으면 당신은 패배한다.

더구나 그와 같은 부정적인 생각과 싸우는 곳은 당신의 마음속에 있는 것이다. 그러므로 당신은 적극적으로 행동하기에 앞서, 우선 당신의 의식하는 마음이나 잠재의식을 당신이 지배해야 한다.

그러나 그런 것을 알고 있든 모르고 있든 우리는 모두 암시의 영향을 받고 있다.

우리는 그저 오랫동안 해오던 것이라 늘 하던 생활방식에 따라 산다.

예를 들면 우리는 일정한 모양의 옷을 입고 일정한 관습을 따르고 있다. 그것은 그런 복장이나 인습이 옳다는 암시를 주위로부터 끊임없이 받고 있기 때문이다.

집이나 교회, 건물과 자동차, 기차도 몇 년씩 비슷한 형이 계속된다.

누가 이런 기존의 방식을 벗어나 새로운 양식이라고 들고 나오면 그 사람은 단번에 미친놈이나 별난 취급을 받기가 십상이다. 조금만 자세히 살펴보면 소위 집단 최면술에 걸린 현상은 우리 주위에서도 흔하게 볼 수 있다.

당신 자신의 눈으로 관찰하는 것을 배우라. 잠재의식을 활용하는 사람들은 의식적으로 활기차고 정력적이며 인상적이다.

▶ 행동 없는 신념은 필요 없다

행동이 따르지 않는 신념은 죽은 것과 다름없다.

우리가 목표로 하는 근본적인 원리에는 신념이 필요하다. 그러나 그 신념에는 행동이라는 옷을 입혀야만 완전해진다.

우리들은 물질세계에 살고 있지만 역시 중요한 것은 정신과 마음, 영혼이다. 그러나 우리들의 정신은 육체 속에 있고, 육체를 통해서 나타내 보일 수가 있다. 그러므로 우리들의 사고는 행동이라는 형태로 표현되어야 비로소 그 존재 가치가 생긴다.

마음속의 신념은 행동하는 가운데 그 모습을 나타낸다. 깊이 잠재된 생명이 행동에서 마침내 그 출구를 발견하게 되는 것이다.

병에 걸렸을 때에도 신념이라는 마력과 암시의 힘, 이 두 가지가 반드시 필요하다. 반복에 의한 암시, 마음의 그림에 의한 암시 — 당신이 새로 만든 어떤 암시라도 좋다 - 이것이야말로 잠재의식을 당신에게 유용하게 훈련하는 중요한 기술이다.

그리고 언제나 가장 필요한 것은 바로 신념이다.

거울의 기능

　거울의 기능은 자신의 인상을 깊게 해주고, 신념을 굳게 하고, 정열을 갖게 하고, 자기의 가치와 재능에 대해 자신감을 갖게 하는 작용을 한다.
　당신이 아직까지 잠재의식을 활용하는 기술이 당신의 장래를 위해 어떤 의미가 있는지를 잘 이해하지 못한다면, 이 장은 당신이 이해하는데 매우 어려울지도 모른다. 당신의 마음속에서 깊이 잠든 힘을 끌어내어 활동하게 하려면, 그 힘을 믿지 않고서는 불가능하다.
　당신이 이 사실을 이해하고, 암시의 큰 힘을 인정하고, 반복하는 것이나, 마음의 눈으로 보는 것이 얼마나 중요한가를 알고, 이러한 모든 것을 당신이 이해할 수 있고 믿을 수 있어야만 비로소 이 장에서 지금부터 말하려는 기술을 배울 준비가 되어 있다고 할 수 있다.

▶ 일단 행동하라

당신이 근대사에 관심을 갖고 있는 학생이라고 가정하자. 교수가 시간이 걸리더라도 문명시대 초기의 사건에 대해 자세히 공부해두면 시험을 치를 때 도움이 될 것이라고 했다면, 그 교수의 말대로 그 내용을 공부해두는 것이 유리할 것이다.

마찬가지로 당신이 잠재의식의 활용법을 진심으로 배우고 싶다면, 내가 말하는 것을 무조건 받아들여 그대로 하라. 그렇게 되면 반드시 당신도 어떤 확신을 갖게 될 것이다.

▶ 목표를 확실하게 하라

당신이 지금 대학 4학년으로 내년 봄에 졸업을 하기로 되어 있다고 한다면 이제 세상에 태어나서 처음으로 독립을 하게 된다.

어떤 직장이 좋을까? 당신은 인문계 학과를 전공했기 때문에 대학원에 진학하여 한 단계 높은 과정을 밟지 않으면 출세할 수 없다는 사실을 잘 알고 있다. 그래서 장래에도 계속해서 공부를 할 수 있게 가까이 근처에 직장을 갖고 싶다. 당신의 계획은 거기까지는 확실하다. 학창시절처럼 어느 정도 시간적 여유가 있는 직장생활을 하고 싶은 것이다. 대학이 있는 도시나 그 부근의 중·고등학교 교사가 적당하다고 생각하고 있다.

그러나 그것보다 더 분명한 계획을 세워야 한다. 필요한 것은 교사직이 아니라 당신이 연구하려는 전공과목을 가장 잘 배울 수 있는 대학, 즉 당신의 목표에 가장 적당한 대학 근처에 직장을 갖는 일이다. 이처럼 자기의 목표를 구체적으로 분명하게 하는 것이 앞날을 위한 첫걸음이 되는 것이다.

그런 다음에는 당신에게 필요한, 적절한 직업을 찾을 수 있다는 당신의 신념은 절대적이어야 한다. 결코 조금이라도 회의적이어서는 안 된다.

▶ 암시 카드를 써라

그러고 나면 다음 과정으로 들어간다. 카드에게 일을 하게 하는 것이다. 목적한 바를 가장 간단하게 암시 카드에 쓰도록 한다.

목적하는 대학이 있는 도시의 이름이든가 또는 당신의 희망에 가장 적당한 대학 이름을 카드에 기록하라. 그 학교의 위치나 이름의 이니셜 등 목표를 단번에 알려주는 것이면 충분하다.

여기에서 다시 주의 할 것은 당신의 목표를 결코 남에게 말해서는 안 된다는 것이다.

이것은, 당신이 정해 놓은 목표를 당신의 부모·선생·친구 등 조언을 해줄 수 있는 사람들에게 말하지 말라는 것이 아니다. 그 사람들은 당연히 당신이 교사직을 구하고 있는 것을 알고 있다. 그러나 당신의 욕구를 실현시키기 위해서는 당신의 잠재의식이 총력을 기울이려 하는 것을 남에게 누설하면 안 된다는 것이다.

의식하는 마음은 당신의 목적에 가장 적당한 학교 등에 대한 어드바이스나 정보를 얻는 것에 도움을 받을 것이다. 그런 사항들은 다른 사람과 의논하지 않고는 알 수 없는 것이다. 그러나 일단 의식하는 마음이 결정을 내린 다음에는 말이 아니라 생각을 해야 한다.

이제 당신은 희망하는 교사직을 어떻게 구할까 하는 문제를 잠재의식에 보내려 하고 있다. 잠재의식이 목적 달성을 위한 지시를 내리면 당신은 그대로 따라야 한다. 만일 당신이 남에게 말하거나 또는 다른 것에 관심을 갖게 되면 잠재의식의 지시를 간과해버릴 버릴 염려가 있다.

만일 그 지시를 간과한다면, 또는 정신적으로 피곤해서 받아들일 여유가 없다고 한다면, 진행 과정에 필요한 어떤 한 단계를 잊을지도 모른다. 그렇게 되면 잠재의식의 진행 과정에 장애물이 생겨서 잠재의식은 당신을 위한 활동을 멈출지도 모른다.

마음의 문은 항상 활짝 열려 있어야 한다. 당신의 의식은 언제나 잠재의식의 지시대로 따를 준비가 되어 있어야 한다. 그런 까닭에 일단 목적을 정한 다음에는 그 목적에 대해서 다른 사람과 의논하지 마라. 의식의 온 힘을 잠재의식에 기울여 당신의 일을 맡아 활동을 개시하도록 해야 한다.

당신은 이 능력을 믿어야 한다. 카드의 기술을 계속해서 쓰는 것이 좋다.

카드는 당신의 눈에 가장 잘 보이는 곳에 두라. 그리고 그 카드를 볼 때마다 되풀이해서 당신이 취직하고 싶은 학교의 이름을 소리 내서 말하라. 이렇게 의식적으로 되풀이하는 말이 잠재의식 속에 뿌리를 내리도록 하라.

물론 이 때에도 잠재의식의 힘을 빌리기 전에 해야 할 일들이 있다. 희망하는 취직 처에 대한 조사·응모에 관한 일·원서 등이 그것이다.

그러나 그런 일들이 끝난 다음에는 모든 것을 잠재의식에 맡기고 그것에 힘을 쏟아야 한다.

▶ **거울의 기능**

여기에 당신을 돕는 또 하나의 방법이 있다. 나는 그것을 '거울의 기능'이라고 부른다. 그러나 이 '거울의 기능'을 설명하기 전에 어떻게 그것을 알아냈는가를 먼저 얘기하려고 한다.

몇 년 전에 많은 목재 기계의 특허를 가진 어느 재벌의 만찬에 초대받은 적이 있다. 신문사 사장·은행가·대기업가 등 많은 사람들이 초대되어 그가 창안한 새로운 제재 설비에 대한 설명을 들었다.

다량의 술이 나오고 흥겨움이 고조되자, 마침내 주인도 많이 취하게 되었다. 식사가 방금 나오려는데, 나는 주인이 비틀거리면서 침실로 가는 것을 보았다. 무슨 도와줄 일은 없나 하고 뒤쫓아가보니, 그는 옷장 앞에서 만취된 채 서 있었다. 그는 옷장 양쪽을 두 손으로 잡고 몸을 지탱하면서 거울 속을 들여다보면서 뭐라고 중얼거리고 있었다. 나는 몸을 숨기고 그의 행동을 보았는데, 차츰 그의 말이 나도 알아들을 정도로 분명해졌다. 그는 이렇게 중얼거리고 있었다.

"존, 왜 그래? 손님들이 장난으로 널 취하게 만든 거야. 지면 안 되지! 넌 취하지 않았다. 조금도 취하지 않았어. 너는 멀쩡하다. 넌 오늘 주인이야. 절대 취하면 안 돼."

이렇게 되풀이하면서 그는 거울 속의 자기 눈을 노

려보는 것이었다. 그러자 곧 커다란 변화가 일어났다. 그의 몸은 똑바로 서고, 얼굴 표정도 단정해져서 술 취한 모습은 어디로 사라져 버렸다. 그런 변화가 약 5분 만에 일어난 것이다.

나는 이렇게 금방 취기를 물리쳐 버리는 사람은 본 일이 없다. 내가 훔쳐보는 것을 그가 알면 어색할 것 같아서 나는 얼른 그 자리를 떠나 식당으로 갔다. 잠시 후 주인은 다시 식탁으로 돌아와 단정하게 앉았는데 얼굴은 아직도 상기되어 있었지만 취기는 모두 가신 모습이었다.

식사가 끝날 무렵, 그는 자기가 설계한 획기적이고 새로운 계획에 대해서 한 폭의 그림을 보여주듯 명확하게 설명하여, 손님들에게 깊은 인상을 주었다.

내가 이런 현상의 원리를 깨닫게 된 것은 그 일이 있고 난 직후였다. 그 당시 나는 아직 잠재의식을 사용하는 것이나 그 힘을 끌어내는 방법 등을 연구하고 있지 않았다.

그러나 이 문제를 연구하다 보니, 한 사람이 의식적으로 잠재의식을 향해 명령을 하고 있는 모습이 떠올랐다. 그렇게 자신에게 명령을 하는 동안 줄곧 그는 자기를 쳐다보고 있었다. 그가 자신에게 명령하여 취한 상태에서 깨어난 상태로 자기 변화를 하는 과정을 내 눈으로 똑똑히 보았던 것이다.

이것은 이 특별한 기술이 필요하다는 것을 나에게 가르쳐 주었다.

▶ 여자의 눈물을 그치게 하는 방법

몇 해 전부터 사람들이 여러 가지 문제로 상담을 하러 오곤 했다. 그런데 찾아오는 사람들은 이상하게도 여자가 대부분이었다.

그 여자들은 대부분 울면서 이야기를 시작했다. 그때 나의 첫 번째 일은 그녀들을 사람 키 정도로 큰 거울 앞에 서게 하여 자신의 모습을 잘 살펴보게 하는 것이었다. 자기의 눈을 잘 들여다보게 한 뒤 이렇게 물어 보았다.

"자기 자신이 우는 아이로 보입니까. 삶과 싸우는 용감한 어른으로 보입니까?"

내가 물으면 그녀들은 금방 울음을 그치는 것이었다.

여자란 거울 속에 비친 자기 얼굴을 보면 울지 않는다는 사실을 알게 되었다. 그녀들의 울음을 멈추게 하는 이유가 자존심이든, 수치심이든, 아니면 남에게 약점을 보이기 싫은 심리이든 그것은 그리 중요한 게 아니다. 다만 자기 모습을 거울 속에서 볼 때는 눈물을 멈춘다는 사실이 중요한 것이다.

예부터 위대한 웅변가·설교가·배우·정치가 중에는 이 '거울의 기능'을 이용한 사람이 많다.

이름난 정치부 기자 D. 퍼슨에 의하면, 영국 수상이었던 윈스턴 처칠은 중요한 연설을 앞두고 반드시 거울 앞에서 연습을 했었다고 하며, 미국 대통령 W. 윌슨 역시 그랬다고 한다. 그렇게 해서 연사들은 자기의 잠재의식에 활력을 불어 넣는다.

▶ 자신을 보는 것

연설을 하기 전에 거울 앞에서 예행연습을 하면 자신의 몸짓이나 말·음성·청중을 둘러보는 표정 등 실제로 연단에 올라가서 연설할 때의 모습을 마음속 깊이 그려 넣을 수가 있다.

거울을 봄으로써 그 사람의 마음의 진동은 강해지고, 말이 갖는 의미나 힘도 커져서 청중의 잠재의식에 정확하게 파고 들 수 있게 된다.

사람들은 유명한 전도사 빌리 샌디가 사람을 끌어당기는 힘을 갖고 있을 것이라고 했다.

나는 빌리 샌디의 전성기에 가끔 그의 설교를 들은 적이 있다. 그러나 그 무렵은 내가 잠재의식의 활용에 대해서 아는 바가 거의 없었으므로, 그와 같은 위대한 전도사들이 어떻게 사람들에게 그토록 감명을 주는지 그저 놀라울 뿐이었다.

그러나 이제 우리는 빌리 샌디가 '거울의 기능'을 잘 활용하고 있었다는 증거를 가지고 있다. 이것은 컬럼비아 방송국의 방송평론가 E. 세버레이드가 1946년 출판한 그의 저서 <그다지 유별나지 않은 꿈(Not So Wild a Dream)>에서 세버레이드는 빌리 샌디와 인터뷰한 다음 이렇게 말했다.

"샌디는 호텔 방에서 성큼성큼 돌아다니는가 하면 창틀에 한 발을 올려놓고 창밖을 날카롭게 응시하다가 금방 화장대 양쪽을 두 손으로 잡고 거울 속의 자기 모습을 향해 연설을 했다."

빌리 샌디가 거울 속에 숨은 원리를 알았는지 어떤지는 알 수 없다.

그러나 그는 그 사용 방법을 알고 있었다. 당신은 처칠이나 윌슨이나 샌디가 거의 본능적으로 한 이 방법의 원리를 알아내어 의식적으로 사용할 수 있는 것이다.

▶ **자신에게 자기 생각을 팔아라**

모든 세일즈맨이 자주 듣는 조언은 '자신을 설득할 수 없으면 다른 사람도 설득할 수 없다'는 말이다. 이것은 기본적인 진리이다.

역사적으로, 대중적인 운동은 그것이 종교적이든 군사적이든 모두 한 개인으로부터 나온 것들이다. 자기의 생각에 대한 열정적인 신념이 몇 백만이나 되는 군중들의 생각을 움직여 자기 쪽으로 끌어들인다.

심리학을 모르더라도 한 사람이 넘치는 정열을 갖고 있을 경우 그것은 금방 다른 사람들에게 옮아간다는 것은 누구나 알고 있다. 거울의 기능은 이런 효과를 낳는 간단하고도 효과적인 방법이다. 이것을 사용할 경우 세일즈맨은 자기의 판매력에 대한 신념을 높일 수 있다.

거울의 기능은 자신의 인상을 깊게 하고, 신념을 굳게 하고, 강한 열의를 갖게 하고, 자기의 가치와 재능에 자신감을 갖게 하는 작용을 한다.

정신의 연마라는 점에서 볼 때 거울의 기능은 잠재의식이라는 위대한 힘을 끌어내기 위한 쉽고도 좋은 방법인 것이다. 또 이것을 사용하여 우리들의 면담 상대를 움직일 수 있는 것이다.

왜냐하면 자신이 그 사실을 느끼든 않든 간에 우리는 설령 상품을 팔고 있는 것은 아닐지라도 우리의 생각과 인격을 상대방에게 팔고 있는 셈이기 때문이다.

▶ 불황을 극복하는 방법

사람에게는 누구나 팔아야 할 상품을 갖고 있다. 정치가는 유권자에게 정책을 팔아야 하고, 의사나 변호사는 환자와 의뢰인에게 전문적인 기술과 능력을 팔아야 한다. 남성은 자기의 연인에게 신뢰해도 좋을 만한 남자라는 믿음을 팔아야 한다. 모든 대인관계는 어떤 형태로든 사고파는 것이 근본을 이루고 있다. 남을 설득시켜 내가 생각하는 쪽으로 끌어당길 때도 역시 마찬가지이다.

새 드레스를 갖고 싶으면 남편에게 그 생각을 팔아야 하며, 자동차를 사고 싶다면 부모에게 그 생각을 이해시켜야 한다. 그렇지 못하면 결코 원하는 것을 가질 수 없다.

경제 불황이 매우 심각할 때 나는 많은 사업체나 판매업체에서 거울의 기능을 소개하여 많은 성과를 거두었다.

한 파이 제조업체의 경우에는 모든 배달 차량 뒷문 안쪽에 거울을 붙이게 했다. 그러면 세일즈맨들이 배달할 파이를 실으려고 차의 뒷문을 열 때, 맨 먼저 거울에 비친 자기 얼굴을 보게 되는 것이다.

나는 모든 배달원에게 거래하는 소매점으로 배달을 갈 때는 오늘은 그곳에 몇 개를 팔겠다고 미리 작정을 하고 가라고 시켰다. 그리고 거울 속의 자신에게 그만큼의 물건을 거래처의 카운터 위에 틀림없이 놓고 돌아온다고 말하라고 시켰다.

어떤 배달원은 한 레스토랑의 여주인에게 파이를 몇 개만이라도 팔아보려고 여러 달을 애썼으나 끝내 팔지 못했다는 것이었다. 그래서 그는 거울의 기능을 사용한 다음 다시 그 레스토랑을 찾아갔다. 그러자 그 날은 열 개나 사더라는 것이었다. 그 후 그 레스토랑에 날마다 평균 15개의 파이를 팔게 되었다.

내가 전에 일하고 있던 회사에서는 불황으로 상황이 좋지 않은 적이 있는데, 이 기술을 이용해 보았다. 먼저 사무실의 뒤쪽 탈의실에 거울을 걸기로 했다. 거울은 직원들이 그 방을 드나들 때 반드시 눈에 띄는 곳에 걸어 놓았다.

나는 거울에 '우리가 이겨낸 불굴의 정신에는 불가능이 없다', '우리가 가지고 있는 끈기를 보여주자', '우리가 살아 있다는 것을 세상에 보여주자', '오늘은 몇 개를 팔 생각인가?' 등의 여러 가지 표어들을 하나씩 바꿔가며 붙여 놓았다. 그러다가 나중에는 비누로 거울 표면에 슬로건을 써 놓았다. 아침마다 새로운 슬로건이 나왔다.

다른 회사들도 문을 닫느냐 마느냐 하는 상황에서 발버둥치는 판이라 우리는 어떻게든 사원들에게 굳은 신념을 심어 주려고 열심히 노력했다. 그 뒤 사무실

출입문 안쪽에도 거울을 달기로 했다. 세일즈맨들이 밖으로 나갈 때 반드시 이 거울을 보게 된다. 그리고 또 세일즈맨과 임원 등 전 사원의 책상 위에도 거울을 놓기로 했다. 그것이 효과를 나타낸 것은 물론이다.

불황의 밑바닥을 헤매던 시절인데도 우리 회사의 세일즈맨들은 한 사람도 빠짐없이 수입을 세 배 내지 네 배로 올렸다.

▶ 거울의 기능을 사용하는 방법

그러면 이제부터 이 기술을 당신의 희망에 맞춰서 활용하는 방법을 설명하기로 한다.

먼저 거울 앞에 서라. 그 거울이 반드시 키만큼 클 필요는 없지만, 신체의 일부까지 비칠 정도의 크기가 좋다. 그리고 부동자세로 거울 앞에 서라. 팔꿈치를 붙이고, 배를 넣고, 가슴을 펴고, 턱을 쳐들도록 한다.

다음은 세 번 내지 네 번 정도 심호흡을 한다. 자기 마음속에 힘과 결의가 넘칠 때까지 심호흡을 계속하는 것이다.

그 다음에 당신의 눈 속을 들여다보라. 당신이 추구하는 것이 무엇인가를 당신 자신에게 일러주어라. 큰 소리로 그 내용을 말하라. 입술이 움직이는 것을 똑바로 쳐다보라. 그리고 그 말소리가 들리도록 귀를 기울여라. 몇 번이고 그것을 반복하라.

이와 같은 일을 날마다 규칙적으로 실행하는 것이다. 하루에 적어도 두 번, 특히 아침저녁으로 해라.

당신은 그 효과가 굉장하다는 것에 놀랄 것이다. 특별한 소망이 있다면 그것을 표어로 써서 꽂아두는 것도 효과를 높이는 데 도움이 된다. 그러나 목적을 달성한 후에는 그것을 떼라. 잠재의식이 당신의 욕구를 이루는 과정은 필히 당신만 알고 있어야 함을 다시 한 번 명심해야 한다.

당신이 무심코 한 말이 작용해서 다른 사람들의 잠재의식이 당신에게 반대로 적용되면, 당신의 소망은 끝나고 만다. 혹은 당신이 하는 짓을 비웃어 당신의 신념을 약하게 할지도 모른다.

혼자 비밀을 지키면서 의식과 잠재의식 사이를 연결시키는 것이 중요한 일이다. 만일 표어를 사용한다면 전부터 마음의 눈으로 본 것, 실현해 보려고 생각한 것을 분명하게 써 놓는 것이 좋다.

이 작업을 계속하면, 얼마 후에는 거울 앞에 있지 않을 때라도 당신 자신의 눈을 들여다보고, 잠재의식에게 도움을 청하는 마음의 그림을 볼 수 있게 된다.

▶ 걱정은 신념으로 없애라

앞에서 예를 든, 내년 봄에 졸업 예정인 대학생을 다시 한 번 생각해 보자. 학위를 따기 위해 계속 공부할 수 있는 어느 대학 근처에 마땅한 일자리가 생겼다.

그는 학교의 직업안내 실에서 그러한 직장이 있다는 통지를 받았다. 그는 구비 서류를 모두 준비해서 제출하였으므로 남은 절차는 그 학교 교장과의 면접뿐이었다. 거기까지는 그의 의식하는 마음이 한 일이어서 잠재의식에 의뢰할 필요는 없다.

그러나 그는 몹시 염려스럽다. 그 자리에는 다른 경쟁자들도 있기 때문이다. 경쟁자들은 그와 비슷하든가 어쩌면 그보다도 우수할지도 모른다. 모든 것은 앞으로 있을 면접시험에 달려 있는 것이다. 그것은 그 자신을 팔기 위한 하나의 기회이기도 하다.

나의 조언은 바로 이와 같은 경우에 기술을 사용하라는 것이다. 잠재의식에 맡겨서 잠재의식으로 하여금 그를 면접하는 교장에게 접근하게 하는 것이다.

이 때 당신이 먼저 해야 할 일을 당신은 기억하고 있는가?

① 거울 앞에 설 것.

② 심호흡을 할 것. 그리고 자신감이 온몸에 충만해

지기를 기다릴 것.

③ 눈을 똑바로 쳐다볼 것.

④ 당신이 바라는 것을 잠재의식에게 말할 것.

이 때 당신에게 유리한 조건은 생각할 필요가 없다. 그것은 앞서 제출한 서류에 다 들어 있다. 만일 그것이 불충분했다고 하면, 당신은 애당초 면접 대상이 되지 못했을 것이다.

지금 당신에게 필요한 것은 당신의 인상이다. 학력은 만족스럽지만 당신의 인간적인 능력은 어떠할까?

학생들은 당신을 좋아할까?

당신의 말을 잘 들을까?

당신을 마음을 열고 받아들일까?

무슨 말을 할까를 계획하면 안 된다. 그런 계획은 당신과 잠재의식의 암시 사이에 끼어들기 되기 때문이다. 요컨대 면접하는 교장에게 인상적으로 보일 포인트는 당신이 어떤 사람인가 하는 점이다.

승자가 된 당신의 모습을 눈으로 보라. 당신이 희망하고 또 필요한 이 교사직을 틀림없이 얻을 수 있다고 확신하라. 그리고 그것을 확신하고 있다는 것을 잠재의식에게 알려라. 반드시 말해야 할 암시를 줄 것이라 믿고 있다는 것을 잠재의식에게 알려라. 거울 속의 당신의 눈을 응시하고 그것을 확인하라.

잠재의식에게 주어지는 생각은, 객관적인 현실 속에서 사실적으로 재현되게 마련이다.

거울 앞에 섰을 때 당신의 잠재의식이 보는 이미지는, 바로 당신이 교장실에 들어갈 때 교장 되는 사람이 보는 이미지인 것이다. 잠재의식에게 이미지를 주면, 잠재의식은 그 이미지를 실현시키는 힘을 발휘하게 마련이다.

▶ 눈의 중요성

우리는 흔히 사람의 눈을 화제로 삼는다. 상대방의 눈을 들여다보고 그 기분을 살피려 한다. 당신의 눈을 보라. 거울로 들여다보면, 두 눈이 변화하는 것을 볼 수 있을 것이다. 그 표정이 점차적으로 살아나서, 그 속에서 느끼는 힘이 커지는 것을 알게 될 것이다.

두 눈의 강렬한 빛은, 당신이 그린 생각을 잠재의식에 주입시키는 일이 성공하고 있음을 느끼게 해줄 것이다. 그리고 새롭게 증가된 힘이나 강렬함이 당신의 일상생활에도 도입되어, 당신의 친구들도 당신에게 박력이나 활력이 증대되었음을 알게 될 것이다.

에머슨은 '모든 사람은 그의 두 눈에 자신의 정확한 좌표를 가지고 다닌다'고 말하고 있다.

그러므로 당신이 동료들을 앞서고, 주변의 사람들에

게 영향을 주고 싶다면, 거울의 기능을 익히는 것이 가장 좋은 방법이다.

자신에 대한 신뢰가 커지면 눈의 표정은 강렬해져서 '나는 소중하게 인식되어야 할 사람'이란 사실을 말해준다.

거울의 효능은 여기에서 그치는 것은 아니다. 능력과 인격을 높여주고, 그 사람의 육체적인 매력도 높여 준다.

만일 당신이 누추한 몸가짐으로 걸음걸이나 외모가 단정치 못하다면, 거울은 그것을 그대로 당신에게 보여줄 것이다. 인격이 훌륭하고, 좋은 위치에 있고, 무슨 일이나 성공할 사람이라면 그런 모습을 보이지 않는다.

만일 당신이 품위 있는 사람이 되고자 한다면, 당신의 그림에 품위 있는 사람의 모습을 더해야만 한다. 인생이란 드라마 속에서 당신이 선택한 배역이 어떤 것이든, 그것을 거울 앞에서 연출하는 것이 좋다.

당신의 허영심을 부추기려는 것이 아니다. 당신 안에 깊이 숨어 있는 또 하나의 당신인 잠재의식이 당신의 욕구를 받아들여서, 당신이 접촉하는 모든 이들에게 보이고 싶어 하는 모습을 만들기 위하여, 당신이 느끼고 노력하게 촉구하는 것이다.

▶ 그것은 바로 여기에 있다

우리는 영감이라든가 예감이라는 말을 흔히 화제로 삼는다. 심리학자 중에는 번개처럼 갑자기 떠오르는 이러한 사고는 사실은 잠재의식의 암시로서, 우리들 자신의 체험뿐만 아니라 다른 사람의 경험으로 쌓은 지식도 첨가되어 있다고 하는 사람도 있다. 그러나 이것은 아직 정립되지 않은 설로서, 현재로서는 결정적인 증거가 없다.

많은 과학자들은 영감의 번득임에서 여러 가지 아이디어를 얻고 있음은 틀림없다. 작가나 미술가, 작곡가들도 잠재의식에서 오는 영감이나 계시에 의존한다. 그들은 가끔 이 깊은 진리에 대해 느끼기는 하지만, 그 뿌리가 예전에 자기 마음으로부터 비롯된 것인지 전혀 깨닫지 못한다.

나는 내가 잠재의식의 이론을 체계화시켰다고 주장하는 것은 아니다. 단지 그것은 여기에 있다라는 사실을 알고, 그 힘을 활용할 수 있는 사용법을 만들어 소개하는 것뿐이다. 나의 조언을 받아들여서 그것을 실행하고, 당신을 위해 그것이 작용한다는 것을 증명하기 바란다.

부자가 되는 비결

　사람들이 당면하는 가장 힘든 문제 중의 하나가 돈이다. 젊은이들은 나름대로 학교에 가기 위해, 취직을 하기 위해, 그리고 결혼을 하기 위해 돈이 필요하고, 부모들은 가족을 돌보고 사업을 꾸려나가기 위해서 끊임없이 많은 돈을 필요로 한다.
　그러므로 지금부터는 이 같은 금전의 부족에 대해 어떻게 대처해 나가야 하는지 생각해 보기로 하자.
　우리는 경쟁사회에서 자기 자신이 노력한 것만큼 가질 수 있다. 절대로 거리를 걷는 당신의 발 앞에 돈 뭉치가 떨어져 있는 것 같은 마음의 그림을 그려서는 안 된다. 정직한 사람이라면, 어차피 그 돈 뭉치를 경찰서에 가져갈 테니까 말이다.

돈이 꼭 필요하다는 생각을 당신의 의식과 잠재의식에 보내는 데에 집중하라. 그러기 위해서는 우선 돈에 대하여 신중히 생각하고, 당신의 필요성을 분석해야 한다. 서두르면 안 된다. 그리고 최종 그림이 알맞은 그림인지 아닌지 확인하라.

당신에게 1억이 있어서, 당신이 안심하고 투자할 수 있는 사업에 참여하여 당신의 몫을 가질 수 있다고 하자. 그렇다면 그 돈을 수중에 넣는 것이 당면한 마음의 그림인 것이다.

그리고 이제 그 돈에 마음을 집중시켜라. 당신의 카드에 '1억'이라고 써넣어라. 그리고 당신의 눈에 잘 보이는 곳에 그 카드를 붙여라. 당신이 소망하는 그 금액을 하루에도 몇 번씩 말하라. 기회가 있을 때마다 소리 내어 말하라. 거울의 기능을 이용해서 거울 속의 눈을 응시할 때에도 당신에게 그 금액을 말하라. 그러면, 잠재의식은 활동을 개시하여 당신의 욕구를 채우려고 노력할 것이다.

당신은 잠재의식이 행동할 것이라고 믿고, 앞에서 설명한 기술을 실행하는 동안 그 목표가 달성된다고 생각하라.

당신이 구하고 있는 것은 대학 등록금일지도 모른다. 그렇다면 카드의 기술을 사용하라. 거울의 기능을 사용하라. 기회가 있을 때마다 되풀이하라. 이미 그 돈이 은행에 예금되어 있다고 생각하고 행동하는 것이다. 등록금은 이미 해결되었으니 어느 대학 무슨 학과를 지망할 것인가를 결정하고 수험준비에 착수하는 것이다.

당신의 욕구가 무엇이든지 기술은 동일하다. 당신이 원하는 그림을 분명하게 그리기만 하면 된다. 당신의 욕구는 반드시 이루어진다는 것을 계속해서 자신에게 말하라. 의식하는 마음으로 그것을 지속하라. 그 생각을 잠재의식에게 보내라.

욕구를 실현함에 있어서 '내가 할 수 있는 역할은 오직 눈을 감고 기다리는 것이다'라는 생각을 가지면 안 된다.

▶ 최선을 다하라

당신은 잠재의식의 중요한 대리인이다. 당신의 욕구가 돈을 원하는 것이면, 먼저 절약하는 것부터 시작하라. 그런 다음 돈을 벌 수 있는 수단과 방법에 대하여 잠재의식의 암시를 받을 수 있도록 마음의 문을 열어 놓아야 한다.

당신이 사업 확장을 위한 자금을 필요로 하고 있는 경영자라면, 잠재의식을 작용시키는데 필요한 기술을 실행하는 것과 동시에 확장될 계획을 세우는 것도 필요하다. 그 돈이 들어왔을 때 어떻게 사용할 것인가 마음에 결정해 두는 것이다. 그러려면 의식하는 마음이 가지고 있는 모든 정보를 이용해야 한다.

　잠재의식은 알라딘의 램프나 도깨비 방망이 같은 요술쟁이가 아니다. 그러므로 잠재의식을 향해 당신의 희망을 말하는 것보다 당신은 훨씬 많은 일을 해야 한다. 그러려면 그 지시를 받아서, 재빨리 따라야 한다.

　한 젊은 부인의 경우를 예로 든다.

　그 부인은 부모와 남편이 모두 죽는 바람에, 마음의 준비도 없이 갑자기 혈혈단신이 되었다. 그녀의 유일한 재산은 꽤 넓은 집 한 채뿐이었다. 그녀는 어떻게 생계를 꾸려야 할지 막막했다. 그녀는 직장에 다닌 경험도 없고, 장사 경험도 없었다. 그저 요리하고 살림하는 재주밖에 없었다.

　그 부인은 생각 끝에 하숙을 치기로 작정했다. 그것을 계기로 얼마 후에 성공이 찾아온 것이다.

　그녀에게는 많은 음식을 차린 식탁을 마련하는 것은 쉬웠다. 돈을 쓴다는 것은 어느 세상에서나 쉬운 일이니까. 그러나 이 젊은 부인은 자신의 미숙한 경험을 잠재의식의 지혜로 보충해 나갔던 것이다.

　그녀는 하숙을 원하는 사람들을 즉석에서 처리하는 힘을 차츰 체득하게 되었다. 그래서 누구를 받아들이고 누구를 거절해야 좋은가를 알게 되었다.

　그녀의 의식은 잠재의식과 긴밀한 연락을 취하며, 무엇보다도 자금이 부족하기 때문에 돈길이 막히지 않게 해야 한다는 사실을 알았다.

물건을 구입하는 일은 그녀 혼자서 했다. 그 결과 시장에는 아침 일찍 가는 것이 유리하다는 사실을 알았다. 도매 값으로 살 수 있기 때문이다. 음식은 손수 만들었다. 그런 일을 다른 사람에게 시키면 인건비가 매우 비싸기 때문이다.

그것이 과연 쉬운 일이었을까? 그렇지 않았다. 몹시 힘이 드는 일이었다. 그러나 차츰차츰 돈이 모이기 시작했다. 그래도 그녀는 일하는 방법이나 지출을 조금도 바꾸지 않았다. 그녀는 모은 돈을 전부 투자했다.

그래서 그녀는 2년도 안 되어 벌이가 좋던 그 하숙집을 팔았다. 그리고 어느 유명한 클럽이 있는 길 건너편에 좀 더 큰집을 샀다.

그녀는 자기의 뛰어난 음식 솜씨로 그 클럽에서 많은 음식을 주문 받을 수 있을 것이라고 생각한 것이다. 과연 그녀의 생각은 들어맞았다. 장사가 잘되자 수많은 종업원이 항상 일에 시달려 정신이 없을 지경이었다.

지성이 있는 여자라면 그 정도의 일은 누구나 할 수 있다고 생각할지 모른다. 그런데 지성이란 스스로 지향하고 훈련하는 마음, 즉 잠재의식을 매개체로 쓸 수 있다는 뜻이다.

내가 이 부인의 경우에 흥미를 갖는 것은, 이런 경우에 흔히 경험하는 실패를 그녀는 한 번도 하지 않았다는 점이다. 종업원은 그녀를 속이지 않았다. 음식 값을 떼어먹는 손님도 없었다. 그리고 투자하는 증권에서도 손해를 보지 않았다.

그녀는 잠재의식을 의식하는 마음에 도입시켜, 깊은 곳에 자리한 마음의 지시에 따라 목표를 이룬 사람의 본보기라고 생각한다.

▶ 신념으로 부자가 되다

이 지향된 지성을 이용하여 10년도 안 되는 짧은 기간에 성공을 한 또 한 사람의 예를 들어본다.

길모퉁이에 있는 어느 약국이 파산하게 되었다. 그래서 약국의 비품은 건물주에게, 재고 약품은 약품 도매상에게 차압을 당했다.

어느 젊은 약사가 이 약국을 탐냈지만 그에게는 자금이 없었다. 그때 젊은 약사는 생각을 했다. 그는 자신을 건물 주인과 약품 도매상에게 팔기로 했다. 그러면 그가 어떤 방식으로 자신을 팔았을까?

당신은 이미 그 방법을 알 것이다.

그는 자신이 약국의 새로운 주인이 되어 약을 파는 모습을 마음의 그림으로 보았던 것이다. 그러니까 그의 잠재의식이 그들 두 사람, 즉 건물 주인과 도매상의 잠재의식에 작용하여 그가 생각한 그대로를 그들에게 보인 것이다. 두 사람은 이 젊은 약사를 믿고 약국의 비품과 재고품을 그에게 맡겼다. 그는 약국을 다시 열었다. 그의 아내도 적극적으로 그를 도왔다. 그녀는 드링크류의 약품을 팔기도 하고, 계산도 했다. 일손이 모자랄 때는 핀치히터로 나서서 무슨 일이든지 가리지 않고 했다. 그래서 새 약국은 날로 번창했다.

이 젊은 약사는 오랫동안 약품 제조에 대한 한 가지 연구를 해 오고 있었다. 그리고 꼭 팔 자신이 있는 제조법을 창안해 냈다. 그러나 그에게는 그것을 제조할 만한 자금이 없었다.

어느 날 그는 상당한 자산가인 건물 주인에게 그 이야기를 해 보기로 했다. 그는 자신의 계획에 대한 신념이 강했기 때문에 건물 주인을 설득하는 일은 그리 어렵지 않았다. 건물 주인은 그를 믿고 돈을 투자했다.

젊은 약사는 약국을 닫은 후, 몇 달 동안이나 건물의 지하실에서 연구를 계속했고, 제조한 것을 약병에 넣었다. 이렇게 제조한 것이 팔리기 시작하자 사업은 더욱 번창해 갔다.

약은 전국적으로 퍼지게 되었다. 2, 3년이 지나는 동안 젊은 약사는 건물 주인에게 빌린 돈을 다 갚았고, 그 자신의 이익금도 많이 벌었다. 얼마 후에는 더 많은 돈을 벌게 되었다. 지금 그는 처음 약국을 시작한 그 건물 전체를 소유하고 있다.

여기에 또 하나의 성공담을 소개한다.

그 자신의 말에 의하면 당시 그의 생활은 매우 비참했다. 어느 날 밤, 그는 아내와 함께 교회에 갔다가 집으로 돌아오는 도중에 어떤 암시를 받았다.

"무언가가 나를 인도하여 전에 아버지가 사용하던, 미용에 필요한 로션타입의 발모제를 제조하는 방법을 연구하게 했습니다."

제조 방법을 창안한 그는 고물상 같은 곳을 뒤지며 빈병을 모으기 시작했다. 그것을 집으로 가져온 뒤 깨끗이 씻어 자신이 만든 로션 발모제를 담았다. 그것을 가지고 각 이발소와 미장원을 방문하며 팔기 시작했다.

그는 언제나 확신을 가지고 판매에 임했으므로, 제품은 날개 돋친 듯이 팔렸다. 얼마 되지 않아서 그는 조그만 공장을 하나 차렸다. 제품의 인기가 날로 높아가자, 그는 판매 조직을 갖게 되었고 도매상으로도 제품을 팔게 되었다.

이것도 몸 안에 있는 그 무엇이 이렇게 하라는 지시를 믿는, 신념의 마력에 의한 하나의 사례이다.

▶ 모든 사물은 사고에서 비롯된다

갑자기 부자가 되는, 이런 이야기는 마치 어린 시절에 즐겨 듣던 옛날이야기처럼 우리를 흥분시킨다. 그러나 물질세계의 모든 것은 본래 누군가의 마음속에 있던 하나의 생각이었다는 점을 명심하기 바란다.

나는 몇 년 동안 수영복 제조로 유명한 얀첸 회사를

지켜보았다. 이 회사는 정말로 무일푼으로 출발한 회사인데, 그 성공담은 어떤 소설가의 걸작보다 재미있다.

이 회사의 사장 겸 회장인 제인 바우어 씨가 나에게 보낸 편지를 여기에 그대로 인용한다.

선생님 말씀대로, 어떤 사람들은 설명할 수 없는 그 무엇이 있어서, 그 사람을 성공적인 생애로 이끄는 것 같습니다. 그런데 열심히 노력하고 있는 다른 사람들은 그럼에도 불구하고 그 몸 안에 만족과 행복을 가져다주는 그 무엇이 없는 것입니다.

나는 지금까지 정의를 내릴 수 없는 정신적인 이것을 연구하려고 체계적인 시도를 해본 적은 없습니다. 그런데 우리 부모, 그 중에서도 어머니가 그것을 내게 심어 주신 것 같습니다.

자식들이 '이런 일은 할 수 없어'라든가, '저 일은 곤란해'라고 말하면 어머니는 언제나 '다른 사람들이 할 수 있는 것이라면, 너 역시 할 수 있어. 필요한 것은 그 일에 익숙해질 때까지 계속해서 하는 것이지. 그래야만 다음에 더 큰 일도 해낼 수 있게 된단다. 크다든가 작다든가 하는 이유로 어떤 일에서든 뒷걸음질 해서는 안 된다'고 타일러 주었습니다. 그리고 어머니는 자식이 어떤 일에 대해서 불평을 말하거나 투덜거리면 이렇게 말했습니다.

"불평을 해서는 안 된다. 이렇게 좋은 세상에서 살고 있는 것을 감사해야지. 불평하는 대신 용기를 갖고 웃으면서 자기 주위에 있는 어려운 사람을 도와주도록 하여라."

우리는 형제자매가 넷인데 셋은 아들이고 하나는 딸이었습니다.

우리는 아주 행복했습니다. 이것은 부모님의 가정교육 덕분이라고 생각합니다.

어머니는 늘 훈계를 하고, 아버지는 거기에 보태서 이렇게 말했습니다.

"언제나 밝은 쪽만을 보도록 노력해라. 사물의 어두운 면을 보려고 해서는 안 된다."

이와 같은 가정교육은 요즈음은 보기 드물다. 어쩌면 전혀 볼 수 없는 교육인지도 모른다.

▶ 지름길을 찾지 마라

어떤 일에나 지름길이라는 것은 없다. 현대는 경쟁이 지나치게 격심하여, 어떤 지위에 대하여 가장 뛰어난 준비를 하고 있는 사람만이 그 지위를 차지할 가능성이 있는 것이다. 주의해야 할 것은, 마음의 힘이라 해도 이와 같은 준비를 대신해 주지는 않는다는 사실이다.

당신이 잠재의식의 협력을 정당하게 요청한다면, 잠재의식은 틀림없이 당신의 목적을 위하여 준비하도록 지시할 것이다.

당신의 목표 달성의 첫걸음으로 필요한 훈련을 하도록 명령하라.

방금 군에서 제대한 청년이 하루 만에 큰 공장의 공장장이 될 수는 없는 것이다. 그는 한 계단씩 단계를 거쳐야만 그 지위에 올라갈 수 있다. 그러나 마음의 힘은 그 길로 이끄는 방향타가 되어 그의 승진을 빠르게 하고. 정신을 집중하게끔 그의 능력을 모조리 끌어냄으로써 최선을 다하게 만드는 것이다.

당신은 먼저 당신이 원하는 지위를 가질 만한 역량이 충분하다는 확신이 있어야 한다. 자기의 자질과 능력에 대한 자신이 없으면 어떻게 당신을 팔 수 있겠는가? 당신이 원하고 있는 일에 대한 첫걸음은, 먼저 그 일을 훌륭하게 해낼 만한 준비 작업부터 시작하는 것이다. 마음의 힘으로 당신의 능력이나 훈련까지 대신하려고 하는 것은 지나친 욕심이다.

어느 회사의 중역이 나에게 이런 말을 한 적이 있다.

"대부분의 구직자들에 대해 곤란하다고 생각하는 것은, 그들이 열중하는 것은 자신에만 관련된 일이어서 고용주에게 어떻게 도움을 줄 것인가에 대한 생각을 조금도 보여주지 않는 일입니다. 입사시험 면접 시, 면접관들은 그 응시자가 어느 정도 쓸모가 있는 가를 살피느라 고심한다는 사실을 그들은 모르는 것입니다."

이런 경우야말로 마음의 힘이 당신을 구원할 때이다. 당신이 탁자를 사이에 두고 중역과 마주 앉아 있고, 어떻게 해서든지 취직하고자 열망하고 있다면, 마음의 힘을 사용하여 잠재의식에게 '이것은 중요한 일이야'라고 말하라. 그리고 올바른 대답을 위한 잠재의식의 지시나 암시를 구하는 것이다.

면접하러 들어갈 때, 당신은 이렇게 생각해야 한다.

'나는 회사가 원하는 사람입니다. 나는 회사를 위해 일할 것입니다. 내 능력은 충분합니다. 회사에 있어서 나는 하나의 자산입니다. 당신은 그 사실을 내 눈 속에서 찾아 낼 수 있습니다, 내가 들어갈 때, 당신이 지시하는 의자에 내가 앉을 때, 당신은 그것을 확인할 수 있습니다. 당신은 내가 회사에 필요하다는 사실을 알기 때문에, 틀림없이 나를 채용할 것입니다.'

▶ 생각대로 된다

만일 당신이 그렇게 생각하면 그렇게 걷고, 앉고 이야기해야 할 것이다. 당신은 반드시 그 회사에 취직될 것이다. 또 당신이 유능하다면, 당신은 계속하여 그 직업을 지켜나갈 것이다.

당신은 잠재의식의 지시에 의존하고 있어서, 고용주 또는 당신 자신에 대하여 만족하게 임무를 다할 수 없다면, 애초에 이렇게 하려고도 하지 않았을 것이 분명하다.

잠재의식과의 연결 통로를 항상 열어 놓고, 언제나 잠재의식과의 교감을 유지해 나가면 당신은 항상 좋은 지시를 받을 수 있을 것이다.

이것은 매우 중요한 일이다. 잠재의식과의 밀접한 교류를 지속해 나가고, 또 잠재의식과 의식하는 마음을 항상 일치시켜 두는 것은 당신의 책임인 것이다.

인생이란 누구나 물질적인 면으로보다는 정신적인 면으로 더 많이 살게 된다.

당신이 잠재의식의 활동을 관리하지 못하면, 외부에서 잠재의식으로 침투하는 것을 차단하지 못하게 된다. 당신은 당신 마음의 주인인 것이다.

사는 것은 '남의 위에 서느냐, 아니면 남에게 복종하느냐' 이 둘 중의 하나이다. 당신이 주인으로서의 책임을 갖지 않으면, 또는 자신의 의식의 주인으로서의 책임을 다하지 못하면 다른 사람에게 복종하게 된다.

너무나 많은 사람들이 이 사실을 모르고 있다. 우리들의 게으른 마음이 책임을 싫어하기 때문이다.

그러므로 당신은 자신의 창조적인 능력을 사용해야 한다. 그렇지 않으면 누군가가 당신의 재능을 이용할 것이다. 그리고 당신은 어쩌면 쓸모없는 인간이 되고 말 것이다.

당신 스스로의 생각을 가져라. 이것이 풍요로운 생

활에 이르는 유일한 길이다.

　잠재의식과 교감하는 방법도 강화하라. 의식하는 마음을 훈련시켜, 깊은 곳에 있는 잠재의식으로부터의 암시와, 번득이는 '영감'을 받아들일 문을 활짝 열어 놓아야 한다.

　행복·성공·재산·보람된 생활은 이 길 말고 다른 길로 찾아오는 일은 절대로 없다.

▶ 잠재의식이 주는 결론

　위대한 지도자·사업가·발명가·예술가들은 마음을 비우고 있는 순간에 아이디어가 생긴다는 사실을 믿고 있다. 또 그렇게 말하고 있다.

　당신의 난감한 문제를 잠재의식한테 넘겨서 무언가 깨닫고 싶으면, 잠자리에 들 무렵 '내일 아침에 해답을 달라'고 부탁하라. 그렇게 하면 잠재의식은 당신이 할 일을 가르쳐주기 위해 한밤중에 당신을 깨우기도 한다. 결론이 나오기까지 상당한 기간을 기다려야 하는 수도 있고, 또는 무언가 다른 일을 할 때 문득 답이 떠오르기도 한다.

　이처럼 잠재의식이 당신에게 결론을 내주는 방법은 특이하다. 그러나 일단 그 답이 나오면, 재빨리 그것을 잡아야 한다. 그리고 즉시 행동하는 것이다.

　예를 들어 당신이 어떤 지위에 앉고 싶어 그것을 갈

망하고 있다고 하면, 잠재의식은 당신에게 어떤 사람에게 전화를 하라는 지시를 하려고 나타날지도 모른다. 그러나 당신이 알기에는, 그 사람은 당신이 원하는 지위에 대한 결정권과는 아무 관련도 없는 사람이다.

그래도 당신은 지시 받은 대로 그 사람에게 전화를 걸어야 한다. 설사 그것이 헛된 짓이라도, 당신이 손해 볼 일은 없을 테니까. 그러나 그 사람의 말 한 마디가 결정권을 가진 사람을 좌지우지한다는 사실을 - 당신은 알지 못할지라도 - 잠재의식은 알고 있는 것이다. 당신은 잠재의식이 내리는 지시를 기꺼이 받아들여야 한다. 그리고 곧바로 실행해야 하는 것이다.

▶ 잠재의식과 육감은 다르다

여기서 한 가지 주의할 것이 있다. 이 방법은 요행과는 차원이 다르다. 트럼프나 증권, 또는 경마 등에 승패를 거는 사람들이 많이 있다. 그들 대부분은 육감이나 예감 등 나름의 정보를 가지고 있다. 어떤 사람은 자기의 나이와 그 해의 끝자리에 맞춰 행운이 찾아올 것이라고 생각하기도 한다. 그 사람들은 그런 식으로 경마에 돈을 건다. 딸 수도 있고 잃을 수도 있는 것이다.

이런 종류의 예감을 믿고 기대한다면, 여러 곳에 시끄러운 일이 일어나게 마련이다. 이것은 잠재의식과는 근본적으로 다르다.

　나는 이 점에 대하여 지루한 설명을 반복할 생각은 없지만, 잠재의식의 활동은 하룻밤 사이에 부자가 되게 하거나 명성을 얻게 한다는 식이 아님을 분명히 알아야 한다.

　이것은 열쇠 구멍에 꽂는 열쇠와도 같은 것이다. 이 열쇠로 문을 열면 문 저쪽으로 곧게 뻗은 길고 빛나는 대로가 있고, 그 길의 끝에는 당신이 바라던 성공이 기다리고 있는 것이다.

　당신은 의식하는 마음에 의해서 무지개다리 건너에 아롱대는 당신의 꿈을 보는 것이다. 그리고 그 꿈의 실현을 잠재의식에게 맡기고, 잠재의식이 당신의 인생을 빛내줄 것을 믿는 것이다. 그렇게 되면 뜻한 바를 이룰 수 있다. 당신이 굳은 신념으로 그것을 지속한다면, 당신은 틀림없이 그 목적지에 도달할 것이다.

　그 길이 얼마나 먼지, 도중에 얼마나 많은 장애가 있는지, 그리고 얼마나 많은 인내와 노력이 필요한지 그것은 아무도 모른다. 당신의 사정에 따라 이와 같은 사항들이 결정될 것이다.

　당신이 학생이고 외과 의사가 되기를 희망한다고 하자. 그렇다면 당신의 앞에는 오랫동안의 교육 기간이 있다. 이런 경우는 당신의 잠재의식은 충동에 의해 빠지기 쉬운 잘못으로부터 당신을 구해 줄 수 있을 뿐이며, 잠재의식의 지시를 기다리거나 기술을 사용할 시기는 아니라고 생각한다.

또 당신이 장래 훌륭한 여배우가 되려는 꿈을 지닌 소녀라고 하자. 그렇다면 앞길에는 많은 난관이 있을 것이다. 예술 분야에 있어서의 성공은 희생, 헌신, 노력, 그리고 재능의 결과로서만 얻을 수 있다. 사람들은 여기에 행운이란 것을 추가하려 한다.

그러나 운이란 믿을 것이 못된다. 만약 당신이 잠재의식의 인도를 받으면, 당신의 노력 하나 하나가 모두 효과를 발휘할 것이다.

당신의 목적에 가장 적당한 극단이나 배우 양성소에 들어가야 할 것이고, 또 어떤 사람에게 부탁해야 하는지에 대해서도 정확한 지시를 할 것이다.

육감이나 예감 등은 당신이 가고 싶은 곳으로 결코 인도해 주지 않는다.

▶ 꿈은 당신이 정하는 것이다

잠재의식은 당신의 꿈까지 결정해주지 않는다. 희망은 당신의 마음에서 나온다. 당신의 희망은 당신의 의식하는 마음에 의해 말이나 그림으로 그려지는 것이다.

당신이 목표를 정할 때에는, 당신의 의식하는 마음의 모든 능력을 활용하라. 다른 사람들의 인생을 관찰하라. 인생에 무슨 일이든 이루었다고 생각되는 사람과 이야기를 하라. 실패한 사람들을 분석하라. 자신의 성격과 재능을 연구하라.

당신이 수학에 약하다면, 과학, 연구 직에 적합한 사람이 아니다. 그 연구 생활이 아무리 매력적으로 보여도 당신에게 맞는 직업은 아니다.

자신을 객관적으로 관찰하라. 당신 앞에 보이는 목표는 단지 매력만으로 선택해서는 안 된다. 자신의 재능의 범위 내에서 할 수 있는 것을 선택해야 한다.

당신의 목표에 대한 충분한 정보를 얻어라. 당신이 갖고 있는 모든 지혜와 능력을 총동원하여 매진하라. 그리고 거기에 이르기 위해서는 어떤 대가도 기꺼이 지불하라. 대가는 인내와 노력, 신념을 말하는 것이다. 때로는 무한한 인내력을 가져야 할 때도 있을 것이다. 그리고 항상 강한 신념을 지녀야 한다.

당신의 목표를 정해 놓고 당신의 잠재의식을 활용하여 절대적인 신념을 가진다면, 비로소 당신은 꿈을 이루는 기술을 사용할 준비가 갖추어진 셈이다.

▶ 당신이 할 일

이쯤에서 우리가 지금까지 연구해 온 여러 가지 사실을 다시 검토해 보자.

먼저 마음의 눈으로 보아야 한다. 목적을 달성한 다음 만족하고 있는 당신의 모습을 그림으로 보는 것이다. 그것을 계속해서 상기시키는 수단으로 당신의 목표를 기록한 카드를 사용하라. 그 그림을 당신의 잠재의식이 올바르게 받아들이기 위해서는 반복이 필요하다는 사실도 절대로 잊어서는 안 되는 것 중의 하나이다.

그리고 거울에게 말하라. 거울은 의식하는 마음으로부터 잠재의식을 연결하는 열려진 문이다.

만일 당신의 목적지가 멀리 있을 경우에는, 그 길에 연속된 단계들을 하나씩 집중적인 목적으로 삼는 것이 현명하다.

예를 들어 당신이 여배우가 되고 싶다면 먼저 연극의 기초 훈련에 노력을 집중하라. 어떤 양성소에 들어가야 할 것인가도 연구해야 한다. 그리고 조언을 구하라. 그래서 당신이 원하던 양성소에 들어가면, 잠재의식에 도달하는 제2의 과제를 새로 결정하라.

당신이 외과 의사가 되기를 원하면, 우선 제1의 목표는 그 교육을 받기 위한 적당한 학교를 들어가는 것이다. 요는 당신이 해야 할 일은 첫째, 명확한 목표를 세울 것, 둘째, 확신을 가질 것, 셋째, 목적을 실현하기 위하여 잠재의식의 능력을 불러일으키도록 의식적으로 활동할 것 등이다.

당신의 목표가 그렇게 크지 않더라도 취해야 할 순서는 마찬가지이다. 첫째, 당신이 원하는 것을 결정하라. 둘째, 그것을 얻을 수 있다고 확신하라. 셋째, 그것을 얻은 느낌으로 거울 속의 당신을 응시하라. 넷째, 그 영상을 지속시키기 위하여 그것을 카드에 기록하라. 다섯째, 그 목표를 실현하기 위하여 당신에게 전달되는 지시에 따라라.

당신의 성공을 확신하라. 마음의 그림을 굳게 간직하라. 그리고 잠재의식의 지시에 따르라.

당신의 성공을 막을 자는 아무도 없다. 의식하는 마음이 명확하고 강하게 주는 명령이라면, 어떤 일이든 잠재의식이 따르지 않을 이유는 절대로 없으니까.

제 5 부

노력하라, 성공의 날은 찾아온다

굳센 의지와 의연한 사고를 가진
사람, 안으로 신념을 꿋꿋이 지녀온 사람만이 많은
사람들에게 감명을 주고, 그들을 지도했다는 사실이 역사에 역력히
나타나 있다. 이런 사람들은 세찬 반대에도 굴하지 않고, 글자 그대로
'무無'에서 위대한 사업이나 국가, 그리고 새로운 세계를 창조해 냈던 것이다

감정을 지킬 것

　우리의 감정의 파장이 다른 사람에게 얼마나 많은 영향을 미치는가는 우리의 상상을 초월한다.

　조금이라도 심리학을 알고 있는 사람이라면 누구든지 연상 작용이라는 것을 알 것이다.
　이것은 당신의 의사와는 상관없이 하나의 사고가 다른 사고로 전이되는 현상이다. 그런데 그 까닭도 알 수 없고 이치도 통하지 않는 제2의 사고가 때로는 제1의 사고보다 중요할 때도 있다.
　길가에 엎어져 있는 자동차를 보면, 곧 '이 사고에 관한 기사는 어떻게 씌어질까?' '어째서 빨리 치우지 않고 내버려두는가?' 하는 생각을 할 것이다. 또는 그 반대로 '이 사고의 원인은 과속 때문이 아닐까? 하다가 이어서 청소년 범죄 등으로 연상해서 생각하게 될지도 모른다.

이와 같이 생각이 이리저리 꼬리를 물고 이어지는 것은 결코 무가치한 일이 아니다. 잠재의식의 지시에 따르는 훈련을 하면, 이와 같은 여러 가지 사고에도 의미가 생기게 된다.

당신이 사회사업가라면 그 사고 난 자동차를 보고 젊은이들의 판단 미숙의 운전을 예방할 어떤 실용적인 방법이 떠오를 지도 모른다. 이와 같이 유추하는 것도 현명한 일이다.

▶ 생각은 어떻게 성장하는가?

숲길을 걷다가 호두 한 알을 주웠다고 하자. 처음에는 막연히 호두 재배에 대해서 생각할지도 모른다. 호두나무는 어떤 땅에서 잘 자랄까? 그것을 재배하는 노동 조건은 어떠할까? 다른 호두를 재배하는 사람들과는 어떻게 경쟁을 할 것인가? 포장을 그럴 듯하게 하면 어떨까?

이처럼 숲길을 걷다가 주운 한 알의 호두에서 여러 가지 계획안이 나올 수도 있는 것이다. 생각은 이런 식으로 성장하므로 때로는 황당무계한 공상에 잠기도록 권하기도 한다.

때로는 생각이 막다른 골목에서 더 갈 데가 없게 되

는 경우도 있다. 그럴 때는 전체의 구상을 버리면 된다. 어쩌면 거래 상대자가 그런 포장 방법은 찬성하지 않거나 일반 소비자가 당신의 생각을 별로 매력이 없는 것으로 생각할지도 모른다.

그러나 만약 당신의 생각이 잠재의식의 지시에서 나온 것이라면, 그것은 결코 실패로 끝나지 않는다.

지금까지도 생생한 기억이지만, 미국에서 서부의 사과가 사륜마차 1대 분을 단위로 해서 매매되던 시절이 있었다. 당시에는 마차 1대 분의 사과 값을 한 번에 지불한다는 것은 좀 벅찬 일이었다. 그 불합리성이 원인이 되어서 태평양 서북부의 한 과수원 주인이 포장을 창안했다.

그는 사과를 선별하여 가장 좋은 것들을 '특상품'이라고 쓴 종이로 포장했다.

그 후 그 방법은 모든 재배업자들에게 파급되어, 지금은 예쁘게 포장한 사과들이 소비자에게 팔리고 있다.

▶ 당신을 포장하라

사과 포장의 경우를 자신에게 적용시켜 생각해 보라. 이것은 처음부터 그 전부를 당신의 잠재의식에만 맡기지 말고, 우선 의식하는 마음에게 할 수 있을 만큼의 일을 하게 하는 것이 좋다. 그러는 것이 잠재의식을 보다 효율적이고 활동적으로 만든다. 잠재의식을 고용주라 생각하고, 의식하는 마음을 성실한 고용인이라고 생각해보라.

그러면 당신의 외모는 어떠한가? 당신은 사람들의 눈을 끌만한 무엇이 있는가? 복장・동작・얼굴의 표정은 어떠한가? 당신이 좋은 인상을 주려고 생각하는 상대방의 기분을 어색하지 않게 잘 풀어줄 수 있는가?

여기에 또 한 가지 주의할 것이 있다. 눈에 보이는 인상에도 당신을 위해 작용하는 것과 그렇지 못한 것이 있다. 머리카락이 마구 헝클어진 외모는 틀림없이 좋지 못한 인상을 줄 것이다. 만나려고 하는 사람의 취향을 알아두는 것도 필요하다. 당신이 최선의 공격을 하기 위함이다. 그런데 대부분의 경우 겸손한 편이 현명하다. 겸손하고 단정한 외모는 원래 남의 눈을 끌기보다는 호감을 주므로, 당신을 좀 더 유리하게 해주기 때문이다.

자신을 연구하라. 자신의 성격을 파악하라. 당신에게 어울리는 색깔, 디자인을 선택하라. 그리고 외모가 진정한 당신을 나타내도록 하라. 당신의 복장・태도, 그리고 표정으로 당신이 어떤 사람이라는 것을 보여주는 것이다.

이것은 말처럼 그렇게 간단한 것이 아니다. 잘난 체하지 않으면서도 군중 속에서 눈길을 끌어야 한다. 경쟁심을 유발하지 않으면서 사람들을 기분 좋게 해주어야 하는 것이다.

별로 중요하지도 않은 일을 지나치게 강조한다고 생각할지 모르지만, 사실은 그렇지 않다. 인생은 중대한 순간에 가속적으로 진행되는 경우가 있다. 서둘러 결단을 해야 할 때 당신은 현명한 판단을 해야 한다.

▶ 어떤 사람이 인기를 끄는가?

당신의 주위를 보라. 사람들의 옷차림을 보라. 단정한 옷차림으로 호감을 주는 사람이 남보다 좀 더 우대를 받고 있지 않은가?

기회가 되면 대기업체의 사장 비서실에 잠깐 있어 보라. 일의 진행 상황을 보라. 어떤 사람들이 그 성공한 사람을 만나러 들어오는가. 기다리던 순서대로 만나야 하는데, 반드시 그렇지도 않다. 단정한 옷차림의 호감 가는 사람이 비서의 책상 앞으로 걸어가서 면담 약속이 되어 있다고 독촉하면, 그 사람이 다음 차례에 먼저 들어가는 경우를 종종 볼 수 있을 것이다.

경찰서나 형무소를 출입하는 신문기자를 하루 종일 따라다녀 보라. 부랑자는 즉시 감방에 수용된다. 그러나 옷차림이 단정하고 자신만만한 사람은 그가 변호사에게 전화를 거는 동안에도 담당하는 사람이 자기 의자를 내어 준다. 그가 예사롭지 않게 보여 혹시 높은 사람일지도 모르기 때문이다. 이것은 불공평한 일인가? 물론 불공평한 일이다. 그러나 세상은 그런 것이다. 빠르게 판단을 해야 하는 경우에는 외모 이외에는 기준이 될 것이 없기 때문이다.

높은 사람으로 보이지 않는 사람보다 그렇게 보이는 사람에게 누구나 주의를 기울이게 된다는 사람들의 속성을 이용하도록 하라. 당신을 훌륭하게 보이는 가장 좋은 방법은 당신 스스로가 '나는 훌륭한 사람'이라고 생각하는 것이다. 사람들의 주의를 끌 만한 옷을 입되 외모보다 마음의 태도에 관심을 집중하라. 성공한다는 생각에 잠겨라. 상대방이 당신을 좋아한다는 것을, 또 당신이 상대방에게 흥미를 갖듯이 상대방도 당신에게 흥미를 느끼리라는 것을 확신하라.

큰 자동차 회사의 젊은 세일즈맨이 우연히 소문난 부자이며 고급 승용차만을 사는 한 고객에게 자동차를 파는 일을 맡았다. 물론 그와 같은 행운에 놀랐지만, 한편으로는 몹시 불안했다. 그것은 그의 능력을 최대한으로 발휘할 수 있는 절호의 기회였기 때문이다.

"집에 돌아오자마자 목욕을 하고 옷을 전부 새 것으로 갈아입었습니다. 이발소에서 머리를 손질하고 손톱에 매니큐어까지 칠했습니다. 평생에 매니큐어를 칠한 것은 이번 한 번뿐이었습니다. 마치 여자가 된 기분이었습니다. 그렇게 나는 불안감을 떨쳐버릴 수가 있었습니다."

"그래서 자동차를 팔았나?"

그는 웃으면서 이렇게 대답했다.

"물론입니다. 그 사람을 만나는 즉시 자동차가 팔렸습니다. 무엇이든 두렵지 않다는 기분이었으므로 큰 부자 정도에 위축되지 않았습니다."

당연한 일이지만 그는 목욕을 하면서 마음의 준비를 한 셈이다. 이발소의 의자에 앉아 마음의 힘을 쌓았던 것이다. 그의 의식하는 마음은 자동차 판매를 과제로 받았고, 또 차례대로 잠재의식에게 이 일을 맡도록 지시했다. 그는 자신의 주위에 성공의 분위기를 조성했던 것이다. 그의 상상력은 활동을 시작하여 실패는 있을 수 없다는 자력磁力을 그의 체내에 만들고 있었던 것이다.

오래 전, 나는 시내의 한 소방서 서장과 가까워지게 되었다. 중년에 접어든 그는 두려움을 전혀 모르는 사람처럼 보였다. 부하 직원들은 서장이 재난을 물리치는 어떤 마술을 부리는 것 같다고 말하고 있었다.

그래서 나는 그의 마음의 상태를 알아볼 생각으로 정말로 마술을 부리느냐고 물었다. 그는 씩 웃으면서 이렇게 대답했다.

"마력이라고 해야 할지 어떨지는 잘 모릅니다. 나는 운명론자인지도 모릅니다. 어쨌든 내가 이곳의 서장으로 있는 한 결코 불의의 사고로 죽는 일은 없을 것이라고 믿고 있습니다, 위험한 곳에 접근할 때는 항상 내 주위에 하얀 원을 상상으로 그립니다. 그 원 안으로 불길이 못 들어오게 말입니다. 이것은 내가 어렸을 때 이웃에 살던 인디언에게서 배운 비결입니다. 어쩌면 그것이 미신일지 모르지만, 그 하얀 영혼의 빛이 나를 몇 번이나 위험에서 구해주었는지 모릅니다."

그는 정년까지 소방서장으로 근무하다가 70세가 넘은 뒤에 생을 마쳤다.

뛰어난 야구선수 베이브 루드가 홈런을 칠 장소를 예시했다는 이야기를 알고 있을 것이다.

그는 공을 치기 전에 이번에는 어디로 치겠다고 공에 대한 선언을 했다. 그가 홈런을 오른쪽으로, 또는 왼쪽으로 날리겠다고 하면 공은 정확히 그곳으로 날아갔다.

어떻게 그런 일이 가능한가는 미국 소년들의 영웅인 당사자 외에는 아무도 모른다. 어쨌든 그것은 정당한 배팅이었다. 아무리 막강한 투수가 던져도 공은 그가 예언한 쪽으로 날아간 것이다.

베이브는 항상 잠재의식의 충동에 따랐기 때문에, 마음먹은 대로 홈런을 칠 수 있었던 것이다.

자신의 몸 주위에 흰 원을 그린 사람은 앞에서 말한 소방서장만이 아니다. 내가 아는 사람 중에서 전쟁터에 나가 그렇게 해서 살아남은 사람이 몇 있다. 신념은 반드시 그 보답을 받는다.

▶ 감정을 지켜라

우리가 지성에만 의존하지 않고 감성에도 의존해야 한다면 할 일이 또 하나 있다. 그것은 자신의 감정을 잘 지키고 보호해야 할 일이다.

우리는 다른 사람들이 만드는 파장에 의외로 많은 영향을 받는다. 자주 만나거나 접촉하는 사람들의 성격을 자신도 모르는 사이에 받아들이는 일은 흔히 있는 현상이다.

남편과 아내는 함께 생활하는 동안 서로 닮아가며, 서로의 버릇까지 몸에 익히게 된다는 것은 잘 아는 사실이다.

어린 아이는 어머니나 늘 돌봐 주는 사람의 감정을 받아서, 겁을 잘 낸다든지 좋아하고 싫어하는 성품이 그대로 옮겨져 평생 그 성질을 지니게 된다.

정신과 의사가 성격장애가 있는 환자의 병의 원인을 과거 어렸을 때의 체험에서 발견하려고 노력하는 것도 이 때문이다. 어린 아이가 초등학교 입학할 나이쯤 되면 성격에 변화가 일어난다. 따라서 계속해서 바뀌는 선생님들에 의해 감정이 변해가는 것이다. 친하게 지내는 친구들의 감성적인 안정이나 불안정에도 우리는 의외로 많은 영향을 받는 것이다.

지나치게 신경질적인 사람이 책임 있는 자리를 맡으면, 주위 사람 모두가 초조해진다. 이런 신경질적인 형의 사람은 어느 곳에서나 곧잘 보게 된다.

 이런 경향은 흔히 사회 전체에 파급된다. 결국 하나의 단체는 그것을 이끄는 사람의 연장된 그림자라고 볼 수 있을 것이다. 하나의 회사가 원만하게 운영되려면, 사원 전체가 상사의 사고방식에 동조하지 않으면 안 된다. 그런 조직 속에 매우 부정적인 성향을 가진 사람이 들어와서 이유 없이 사사건건 기업주의 생각에 반대한다면, 그 불쾌한 파장이 전체 직원에게까지 미쳐서 큰 해를 가져오게 된다.

 그것은 마치 상자 속의 썩은 사과 하나가 다른 사과도 모두 썩게 하는 것과 같다.

▶ 다른 사람에게 미치는 영향

 한 사람이 하품을 하면, 하품은 곧 다른 사람에게로 전해진다. 감정의 파장이 다른 사람에게 얼마나 많은 영향을 미치는가는 상상을 초월할 정도이다.

 만일 당신이 계속해서 적극적이고 명랑한 성격을 갖고 싶다면, 부정적이고 비관적인 성향이 강한 사람과 오래 사귀기를 피해야 한다. 예를 들면 목회자나, 신상에 관한 상담원들은 좋지 않은 이야기를 많이 듣게 되므로 그 희생이 되는 경우가 많다는 것이다.

 괴롭거나 슬픈 분위기에 자주 젖으면, 아무리 성격이 쾌활하고 활동적인 사람이라도 마침내는 그것에 물들어 어둡고 정적인 사람으로 변하기 쉽다.

이와 같은 위험을 과장되게 생각한다면, 당신 자신이 주위 사람들이나 환경에 어떻게 반응하는가를 유심히 관찰해보는 것이 좋다. 당신 역시 별다른 이유도 없이 마음이 편안하기도 하고 불안하기도 하다는 사실을 알 수 있을 것이다.

이런 마음의 파장이 어떤 암시를 갖는가는 다른 사무실이나 가정에서 각각 다르게 느껴보면 바로 이해할 수 있다. 그런 분위기는 그런 사무실이나 가정에서 일하거나 사는 사람들이 만드는 것으로 거북하고, 어수선하고, 조용하고, 아늑해서 마음에 든다고 하는 식으로 그 자리에서 바로 느껴지는 것이다.

누구나 어떤 자리의 분위기가 차다든가 따뜻하다는 것을 바로 감지할 수 있다. 가구의 배치, 전체적인 색상, 벽지의 무늬, 커튼이나 의자의 커버 같은 것이 거기서 사는 사람의 생각을 전해서, 그 사람이 어떤 사고방식을 가지고 있는가를 나타내는 것이다. 그 집이 큰 저택이든 오두막이든 간에 그곳에 살고 있는 사람의 성품을 암시하는 열쇠는 바로 그 파장이다.

극장에서 무대 장치를 그처럼 중요하게 생각하는 것은 무슨 까닭인가? 그것은 배우가 무대에서 연기를 하기 전에, 극작가가 창작한 줄거리의 분위기에 대한 암시를 관객들에게 보내기 위한 것이다. 만약 무대장치를 맡은 사람이 그 연극을 이해를 못해서 작가의 의도와 맞지 않게 무대를 꾸밀 경우에는, 관객들은 조화를 이루지 못한 느낌을 받게 되어 그 연극 전체가 실패로 끝나게 된다.

이 파장은 당신이 사람을 이끄는 유형의 인간인가, 아니면 남을 따라가는 유형의 인간인가에 의해서 그 영향도 다르게 된다. 세상에는 이끄는 것보다 남에게 이끌리는 유형의 인간이 많은 것이다.

책임지기를 싫어하는가? 결단 내리기를 두려워하는가? 남의 앞에 나서기를 주저하는가? 세상 사람들은 대개가 그런 소극적인 형이다. 이것이 세상에는 지도자가 적고 지도 받는 사람이 많은 이유이다.

당신이 책임을 회피하고 결단을 내리기를 두려워하여 남의 말에 따라가고, 앞장서는 것을 무서워하고 그것을 극복하지 않는 한 당신에게 행운은 찾아오지 않을 것이다.

▶ 어려운 문제와 싸워라

고난을 극복하기 위해서는 자진해서 그것과 싸울 결심을 해야 한다. 당신이 난관에 부딪쳤을 때, 그것을 뒤로 미루면 미룰수록 문제는 더 커지고 해결 능력에 대한 의문은 짙어진다.

먼저 결단을 내리는 것부터 배워라. 결심을 미루고 불안한 상태로 있으면 행동할 기회를 놓쳐버린다. 그러면 그에 따른 성공의 기회도 놓치게 된다.

일단 결론이 내려지면 곤란한 문제는 사라지기 시작하는 것이다.

설령 당신이 내린 결단이 최상은 못되더라도 결단 그 자체가 당신에게 힘을 주고 사기를 높이는 것이다. 이에 반하여 잘못된 일이 아닌가 하는 두려움은 거의 틀림없이 잘못을 초래한다.

결단을 내리고 행동하라. 그 결정의 잘잘못에 관계없이 대부분의 곤란한 문제는 눈 녹듯이 사라진다.

성공한 사람들은 대개 직감과 축적된 지식, 살아온 동안의 경험에 의해 즉시 결단을 내린다. 그러므로 당신도 신속한 결단과 과감한 행동을 배워라.

▶ 신앙으로 치료하는 법

나는 신앙으로 병을 고치는 사람은 아니다.

그러나 마음의 힘에 대해서 조금이라도 아는 사람은 감정이 얼마나 사람의 육체의 상태를 좌우하며, 또 암시가 얼마나 병의 발생과 치유에 큰 영향을 주는가를 잘 알고 있다.

어떤 신앙 요법은 병의 실재를 부정함으로써 치료효과를 거두고 있다.

다른 쪽은 병의 실재는 부정하지 않지만, 환자에게 건강에 대한 확신을 주어 몸이 회복되리라는 적극적인 암시를 되풀이해 줌으로써 병을 무시하게 하여 효과를 얻고 있다.

그러나 어떤 경우든 그 치료법이 성공하느냐 못하느냐 하는 것은 그 환자의 신념의 강약에 의해서 결정된다는 것을 잊으면 안 된다. 오늘날 미국에서는 질병이란 없다고 그 자체를 부정하는 일파에 대한 지지자가 점차 늘고 있다.

정신요법의 각 유파나 의학회 등에서 암시가 육체의 병을 어디까지 고칠 수 있는가 하는 것은 커다란 논쟁이 되고 있다.

▶ 감정이 일으키는 병

증오·근심·고민 등은 병을 가져오는 수가 많다. 크게는 치명적인 병을 일으키는 경우도 있다.

어떤 의사들은 이런 일을 전혀 인정하지 않는다. 그러나 <라이프>지는 '정신신체의학(Psychosomatics)'이라는 제목의 기사에서 2차세계대전 중에 일어났던 군인들의 질병의 40퍼센트가 정신 신체적 원인에서 오는 것이라고 밝혔다.

그 기사는 기관지천식·심장병·고혈압·류머티즘·관절염·당뇨병·감기 및 알레르기성 피부병 등은 감정적 혼란이나 흥분이 직접 또는 간접적인 원인이 되어 일어나는 것으로, 감정이 병세를 악화시킨다고 지적했다.

정신신체의학의 치료법은 감정의 동요를 일으킨 원

인을 밝혀서 그것을 제거하는데 있다.

정신과 의사나 정신분석학자가 전쟁 중에 실험한 여러 가지 결과로 예견하면, 신체치료와 정신요법의 두 가지를 포함한 전반적인 문제는 지금까지의 치료법에 근본적인 수정을 가하게 되었으며, 심리적인 치료를 병행하게 되면 놀라운 성과가 난다는 것이다.

▶ 마음이 운명을 만든다

정신치료법을 연구하는 사람들이 공통적으로 주장하는 병을 낫게 하는 힘은 의사의 처방보다 오히려 환자 자신의 마음가짐에 있다는 것이다. 바꾸어 말하면 치료하는 사람이 어떤 형태로 암시를 주든 환자가 그것을 자신의 잠재의식으로 받아들이지 않으면 효과는 나타나지 않는다는 말이 된다.

이 말에 대해서 반박할지도 모른다. 그러나 치료하는 사람이 주는 암시를 환자가 믿지 않는다면 효과를 기대할 수 없다는 것은 분명한 사실이다. 그러므로 치료하는 사람과 환자는 일종의 라포어[3] 관계가 될 필요가 있다.

이러한 경우 우리들이 지금까지 연구해 온 기술, 즉 카드의 테크닉, 거울의 기능, 소리 내어 말하기 등을 끊임없이 반복하여 암시력을 높일 수 있으면 큰 성과

---

[3] 라포어(Rapport) : 영적 교감에서 영매를 사용한 영혼의 교류

를 기대할 수 있다.

앞에서 말한 욕구의 성취는 물론이고, 육체적인 병의 치료에 있어서도 온 마음을 기울여 반복해서 생각하고 신념을 굳힘으로써 모든 것을 실현해야 하는 것이다.

자신이 마음의 병을 치료하며, 마음이 당신의 운명을 만드는 것이다.

자신의 주인이 되어라

　신념은 산을 움직인다. 강한 신념은 당신에게 무한한 힘을 주어서 당신이 원하는 것은 무엇이든지 실현시켜 준다.

　신념은 건설적일 뿐만 아니라 파괴적으로도 작용하는 힘이다.

　이 말을 명심하기 바란다.
　만약 당신이 신념의 힘을 믿고 있다면, 신념의 힘을 믿지 않는 사람과의 잠재의식의 통로를 열어두면 안 된다. 그의 불신이 당신의 신념보다 더 강할지도 모른다. 그렇게 되면 그가 당신의 노력에서 얻은 효과를 손상시킬 수도 있기 때문이다.

지금까지 여러 번 위력적인 신념의 세계에서의 당신의 행보를 다른 사람에게 말하지 말라고 강조하는 이유도 바로 여기에 있다.

신념에는 마법의 힘이 있다. 신념에는 위대한 힘이 있다는 사실을 믿어라, 그러면 위대한 힘이 생겨난다.

그러나 다른 사람의 불신이 당신의 노력의 효과를 방해하고 파괴하기도 한다.

그것이 마음이든 또는 어떤 전기적 파장 같은 것이든 간에 그 성과는 놀라운 것이다. 마음의 힘은 모든 것을 포용하고, 모든 것에 침투한다.

한 사람의 잠재의식은 모든 것에 퍼져서, 모든 것을 감싸는 전체 중의 일부라고 생각할 수도 있다.

신념은 당신이 활용함에 따라 성장한다. 그 위력도 신념이 커짐에 따라 증대된다. 당신에게 손해 될 것은 아무것도 없고, 오직 이익이 있을 뿐이다. 그러므로 당신은 이 이론을 연구하기에 몰두해야 한다.

이 놀라운 원리를 하나씩 실험하여, 잘못되면 그것을 없애는 실험을 되풀이하라.

모든 것을 의심하면서 일생을 보내서는 안 된다. 회의주의자는 항상 앉아서 생각에만 잠긴다. 신념 있는 사람이 승부에 참여하는 것이다. 때로는 지는 일도 있겠지만, 승리할 기회를 잡는 것은 승부에 참가한 사람

뿐이다.

다른 사람들의 멋진 경기를 손가락만 물고 멍하니 바라보고 있기에는 당신의 잠재된 능력이 너무나 아깝고, 당신의 인생이 비참하지 않은가?

자진하여 참가하는 것은 즐거운 일이다. 과감하게 실수를 할 수 있는 용기를 가져라. 그것이 진리를 발견하는 하나의 수단이다.

한 원예가가 나에게 이런 충고를 한 적이 있다.

"가지를 잘못 자를까 주저해서는 안 됩니다. 비록 올해의 장미 기르기는 망칠지 모르지만, 그것으로 인해서 내년에는 더욱 탐스러운 꽃들이 필 것입니다."

인생의 목적이 진리의 발견에 있고, 자신을 잘 활용하여 사회에 유용한 인물이 되려 한다면 마음의 힘에 대한 원리를 깨달을 때까지 실험을 계속하는 것이 당신 자신을 위하는 것이다. 그 원리의 작용과 효과에 납득이 갈 때까지 — 그것이 성공임을 알 때까지 — 실험하고 또 실험하도록 노력하라.

▶ 섣부르게 실행하지 마라

당신이 일단 그 원리를 확신한 뒤에는 적극적으로 그 힘을 활용해야 한다. 그렇게 하지 않으면 당신의 목적이 상실될 수도 있다.

지금까지의 모든 기술을 다시 한 번 반복한다.

육안이나 마음의 눈에 당신이 어떻게 되고 싶다고 생각하는 사람의 영상, 당신이 성취하려고 마음에 결정한 목표의 영상을 만들어라. 마음에 그림을 그려서 행동하는 모습을 보라. 당신이 차지하는 지위를 보라. 그 그림을 작은 부분까지 명료하게 하라. 어느 곳도 희미한 곳이 있어서는 안 된다. 그것을 확정하여, 별로 힘들이지 않고도 마음의 눈앞에 나타나도록 하라.
　그리고 그 그림에 반복되는 작업을 더하라.
　당신이 품고 있는 야망을 간단한 말로 만들어 입버릇처럼 항상 반복하라. 당신에게 상기시킬 수 있도록 그 말을 카드로 만들어 계속 반복하라. 이와 같은 반복 작업은 중요한 일이다. 일상생활의 잡다한 일들이 당신의 주의를 분산시키기 때문이다. 그러므로 매일같이 일어나는 사건의 중압감 속에서도 당신의 의지로 마음을 활동시킴으로써, 잠재의식이 적극적으로 일할 수 있도록 민감하게 해 놓아야 한다.
　거울의 기능을 사용하는 것도 잊으면 안 된다. 이것은 당신의 달성하고자 하는 욕구를 의식하는 마음을 통하여 잠재의식에게 보내기 위한 매우 중요한 일이다
　자신의 눈을 응시하라. 그리고 당신이 누구며 어떻게 되고 싶은가 바라보라. 당신은 지금껏 얼마나 자주 다른 사람의 눈을 들여다보았던가! 그 사람이 하는 말의 속뜻을 알기 위해서, 그리고 그 사람의 말을 어느 정도로 진지하게 생각할 것인가를 알기 위해서……

당신의 눈을 들여다볼 때는 믿는다고 말하라. 그리고 당신의 눈이 당신을 믿는다고 대답할 때까지 당신의 눈을 주시하라.

"구하라, 그러면 주실 것이오. 찾아라, 그러면 보게 될 것이다."

이것은 단순히 성서에 있는 말일 뿐만 아니라, 이제는 우리의 상식인 것이다.

▶ 결정된 목표의 안내자

잠재의식을 이미 결정한 목적을 성취시켜 주는 안내자로서만 한정해서 생각할 필요는 없다. 아직 결정하지 못한 의견이나 의무에 대한 안내자로도 얼마든지 사용할 수가 있다.

어떤 일에 대한 당신의 판단이 흐려서 마음을 결정하지 못할 때에는 잠재의식에 호소하여 생각을 분명하게 하고, 또 그 행동의 안내자를 시키는 것이다.

되도록 잠들기 직전에 의식하는 마음의 마지막 행위로 하는 것이 좋다. 즉 의식하는 마음은 더 이상 생각하지 않고 잠재의식에게 맡겨 버리는 것이다.

찬성과 반대의 양쪽에 대한 당신의 의견을 모두 잠재의식 앞에 솔직히 말하는 것이다. 그 다음에 안심하고 잠자리에 드는 것이다.

결정은 아침에 일어나 보면 이미 내려져 있는 경우

가 많다. 그리고 그렇게 결정을 내리게 된 모든 이유도 의식하는 마음속에 잘 정리되어 있게 마련이다.

설령 어떤 이유 탓에 아침이 되도록 결정을 내리지 못했다 하더라도 초조해 할 필요는 없다. 어쩌면 그 날 안으로, 혹은 가까운 시간 내에 당신은 잠재의식의 통신을 선명한 빛으로 받게 될 것이다. 어쨌든 그 해답이 정확하게 나오는 것이다. 의심하거나 걱정할 필요는 조금도 없다.

▶ 흰색의 마술魔術

부적이나 주문 등 이런 것들은 모두 미신이라고 처리해 버리기는 아주 쉬운 일이다. 그러면 미신이란 무엇인가? 그것은 곧 다른 사람은 믿고 있지만 당신은 믿지 않는 어떤 것이다. 그 이상 무엇이라고 설명할 수 없다.

한 배우는 목에 어떤 마스코트를 걸거나 주머니에 '행운의 은화'를 넣고 있지 않으면 대사를 잊어버릴 것으로 믿고 있다. 실제 그는 마스코트를 잃어버리면 대사를 잊는다. 그리고 실패의 원인은 마스코트에 있다고 생각한다. 그러나 실패의 원인은 그것의 힘을 믿는 데 있다. 그러면 어디에 그 차이가 있는가? 어쨌든 결과는 마찬가지다.

서인도 제도나 미국 남부의 흑인들 사이에 성행하는

부두교의 신도는 목회자로부터 악운이 눈앞에 닥쳐오고 있다는 말을 들으면 곧 병에 걸리고, 또 죽어간다. 어떤 힘으로도 그를 구할 수 없는 것이 상례다. 이것을 '검은색의 마술魔術'이라고 한다.

그런데 '흰색의 마술'이란 것이 있다. 당신에게 믿게 하려고 하는 것이 바로 그것이다.

그것을 믿는다면 당신은 원하는 것을 얻을 것이다. 원하는 곳에도 갈 수 있다. 그것을 믿는 힘과 염원이 당신을 당신이 원하는 어떤 곳으로 데려다 주게 되는 것이다.

우선 목표를 정하라. 그리고 그 목표를 향한 당신의 열정을 절대로 약화시키거나 비틀거리지 않는다면, 당신은 틀림없이 목표에 도달하게 될 것이다.

여기에서 비틀거린다는 말에 주목하기 바란다. 신념을 잃고 희망을 잃기는 쉬운 일이다. 그리고 그것을 되찾았다가도 다시 잃는다. 이러한 마음의 상태를 비틀거린다고 하는 것이다. 이것은 당신의 마음을 상하게 하는 가장 간단한 방법인 것이다.

당신의 의식하는 마음을 격려하라. 잠시의 마음의 동요도 받아들여서는 안 된다. '카드의 테크닉'은 이 중대한 일을 후원할 것이다. '거울의 기능'을 사용하여 거울 속의 당신과 말하는 것을 일과로 삼아라. 일정한 시간을 정해서 그렇게 실시하라. 단 한 번이라도 게을리 해서는 안 된다.

거울 속의 당신의 눈을 들여다보면서 '나는 확신한다'고 당신 자신에게 말하라. 신념을 잃었기 때문에 큰 비극을 초래했다는 이야기는 너무나 많이 보고 들은 이야기가 아닌가?

▶ 마음은 곧 당신 자신이다

이런 것들을 모두 말의 속임수라고 생각하는가? 그렇지 않다. 심리학상의 사실이다. 비록 사실이 그렇지 않게 보이는 경우가 있을 지라도 당신의 정신생활에 있어서 신념과 신앙은 불가결한 것이다. 그리고 다른 것에도 신뢰라는 것이 중요하다면 어째서 당신 자신을 신뢰하는 것이 소중하지 않겠는가?

마음은 당신 자신이다. 그리고 눈은 마음의 창이다.

자신의 눈을 들여다보라. 그리고 '나는 믿는다'고 당신 자신에게 말하라. 신념의 물결이 당신의 온갖 의혹을 말끔히 씻어낼 때까지 계속하라. 단 한 순간이라도 신념을 잃는 일이 없게 당신 자신을 격려해야 한다. 신념에서 생기는 위력을 잠재의식이 받아들이려 할 때 그 신념을 잃는다면, 모처럼 진행하기 시작한 잠재의식의 활동은 무산되고 만다.

세상에는 일단 성공하고 나면 마음의 긴장이 풀려 느긋하게 몸을 뒤로 젖히면서 "야, 참 멋있구나. 이제부터는 나도 인생을 즐기면서 살아야지." 하면서 해이해지는 사람들이 많다. 그런데 실제로는 그다지 멋있지도, 즐겁기만 한 것도 아닐 것이다. 지금까지 즐거웠던 것 이상으로 더 즐거워할 일은 아마 없을 것이다.

세상에는 '한 권의 작가'로 알려져 있는 작가들이 얼마나 많은가? 그 이유가 무엇인가? 그들은 심혈을 기울여 한 권의 책을 써서 조금 유명해지면 그 다음부터는 오직 타성에 의지해 글을 쓰기 때문이다.

▶ 종점이라고 생각지 마라

미래는 항상 당신을 부른다. 과거보다 더 빛나는 성공과 그에 비례하는 더 큰 어려움을 함께 갖고 손짓하고 있다. 당신의 주위를 둘러보라.

당신이 알고 있는 사람들 중에서 사회에 알려진 업적이 단 하나뿐인 사람을 주시해보라. 그 사람의 성공 이후의 행동을 자세히 관찰해보라. 그런 사람은 더 이상 전진하려 하지 않고 그 자리에 그냥 서 있을 뿐이다. 그러다가 뒤로 밀려 떨어질지도 모른다. 경쟁자들은 계속해서 전진하고 있는데 그 자리에 그대로 있기만 한다는 것은 상대적으로 후퇴하는 것이 되기 때문이다.

그러므로 당신은 목적지에 도착하면 머물지 말고 앞을 내다보라. 그러면 당신은 성공할 것이다. 그러나 그 성공을 당신의 것으로 확보하고, 항구적인 것으로 만드는 힘이야말로 당신 자신 속에 있는 잠재의식의 힘인 것이다.

▶ 계속하라, 성공의 날은 반드시 찾아온다

이와 같은 결론을 받아들이고, 자신에게 끊임없는 실험을 행할 필요가 있다는 사실을 터득하는 것은 보통 사람들로서는 어려운 일이다. 그러나 당신이 보다 높은 수준으로 살고 있음을 자기 자신이나 다른 사람들에게 알리는 방법은, 즉 잠재의식과 의논하고 신뢰를 계속하는 것 이외는 없다.

평범한 사고방식을 가진 마음의 힘이 미치는 영향권을 벗어나, 높은 차원의 마음을 가지고 인생을 살아가려면 비상한 노력을 기울여야 한다.

인생이란 '물질적인 평면 위에서 살아가는 것'이라고 하는 일반적인 사실을 우리들은 너무 오랫동안 비판없이 받아들였다. 또는 요행을 기대한다든가, 자기의 운명은 자기 자신이 아닌 다른 어떤 존재에 의해 결정된다고 하는 생각에 우리는 너무나 긴 세월 동안 젖어 있었다. 그와 같은 사고방식이 널리 알려져 왔기 때문에, 그것이 일종의 위력을 갖게 되었다. 그러므로 당신 자신의 정신력을 사용하는 데는 끊임없는 인내력이 필요하다.

그래서 내가 하려는 조언은, 만약 당신이 장차 쓸모

있는 사람이 되려고 한다면, 당신의 신념을 마음속에 갖고 일반적인 타성을 극복하라는 것이다. 의식하는 마음이 지시를 해서 잠재의식에게 부단한 자극을 주면서 잠재의식의 힘을 활용시켜 일반적인 타성으로부터 벗어나는 것이다.

이것은 매우 중요한 일이다. 진실로 이것은 당신의 사활이 걸린 중대한 문제다. 물질주의자들은, 정신적인 것은 물질이 있기 때문에 존재하는 것이며, 물질에 비해 부수적인 것이라고 주장하고 있으므로, 그들과 상의하는 것은 당신의 신념을 약화시킬 뿐이다. 그들은 자기네 방식대로 살게 내버려 둘 일이다.

당신이 살아갈 위대한 정신의 영역만 받아들여라. 그러면 마침내 마음속에 창조된 영상이 당신을 참되게 할 것이다. 그리고 당신은 다른 사람들의 불신 따위에는 전혀 무관심하게 될 것이다. 그것은 당신의 신념에 대하여 그들이 갖는 무관심과 같은 것이다.

▶ 마음가짐에서 행복이 온다

수많은 사람들이 동경하지만, 소수의 사람들만이 차지하고 있다고 생각하는 행복이라는 것을 스스로의 힘으로도 얻을 수 있다.

환경이나 날마다 일어나는 생활상의 문제들은 행복을 얻으려는 당신의 조건과는 무관하다. 외부에 있는 것은 무엇이든 당신이 의식하는 마음으로 그 영상을 받아들이지 않는 한, 당신에게는 아무런 힘도 미치지 못한다.

마음에 파수꾼을 세워 놓고, 들여보내고 싶지 않은 것은 절대로 출입을 금지시켜라. 행복은 명예·권력, 물질적인 소유물과는 전혀 별개의 독립된 것이다. 행복이란 마음의 상태이다. 당신의 행복은 당신만이 관리, 조절할 수 있다. 당신 자신이 당신 생각의 수호자인 것이다.

의식하는 마음이 제공한 영상의 덕택으로 불행에 대한 문이 열려 있지 않다면, 당신은 절대로 불행을 느끼지 않을 것이다. 당신은 충분히 행복감에 젖어 있을 수 있다.

로마의 황제이자 위대한 철학자였던 마르쿠스 아우렐리우스는 이렇게 말했다.

"모든 것은 생각에 달려 있다. 생각은 당신이 조절할 수 있는 것이다. 그러므로 당신이 원할 때 당신의 그릇된 생각을 제거하라. 그러면 소용돌이를 피해서 오는 선원처럼, 만사가 안정되어 항구로 무사히 들어갈 수 있을 것이다."

당신도 이것을 당신 자신에게 증명할 수 있을 것이다. 당신의 마음이 안정을 잃고 있다면 당신의 마음의 상태를 살펴보라.

어쩌면 당신은 무엇엔가 실망하는지도 모른다. 그래

서 당신의 마음이 불안하다면 그것은 감정의 반응이다. 용감하게 그것과 싸워라. 그것을 의식하는 마음에서 몰아내고, 평온한 마음으로 바꾸어라. 그것을 잠재의식에 가까이 해서는 안 된다. 불안감이 잠재의식 속에 들어가면, 잠재의식 속에서 혼란을 일으켜 불행을 연장시킬지도 모른다. 그것에 대한 생각을 하지 않도록 스스로를 조율한다면 감정에 좌우되는 일은 없어진다.

당신 자신이 사고의 주인이 되라. 바람직하지 못한 감정이 잠재의식 속으로 흡수되지 못하도록 철저히 막아라. 불행·증오·질투, 그 밖의 어떤 형태의 부정적인 생각도 잠재의식 속으로 들어가지 못하도록 하라. 당신은 틀림없이 강해질 것이다.

에머슨은 예전에 이렇게 말했다.

"이 세상에서 가장 힘든 일은 생각하는 것이다."

확실히 그렇다. 당신은 당신 자신이 얼마나 철저하게 대중의 사고에 물들어 희생되는가를 알아야 한다. 당신은 자신의 생각을 어디에서 받아들이고 있는가? 독창적인 것인가? 당신 자신의 마음이 만들어 내는 결과인가? 천만의 말씀이다. 그것은 누군가 당신에게 말했거나, 신문·잡지 등에서 읽은 것 등을 여과 없이 받아들인 데서 생겨나는 것이다.

당신은 그 사실에 어느 정도의 신빙성조차 조사해 보지 않고 그냥 받아들인 것이다. 이렇게 되면 당신은 점점 더 대중의 사고에 끌려 다닐 뿐이다.

생각하라. 그리고 최선의 판단을 하라. 평가하라. 그런 후에 결정하도록 하라.

▶ 문제는 마음의 힘

당신이 이 세상에서 어떤 목표에 도달하고 싶다든가, 어떤 보람 있는 일을 하고 싶다든가, 행복해지고 싶다든가, 당신 나름대로의 생활 태도를 갖고 싶다고 생각하면 당신 자신의 마음으로 인생을 살아갈 수 있도록 결심해야 할 것이다.

생각하는 것을 배워라. 사람은 일생 동안 사고의 힘으로 여러 번 운명을 바꿀 수 있다. 사고는 그 사람의 잠재의식에서 빛과 같이 흘러나온 것으로, 그것이 위대한 힘이 되어 그때그때의 흐름에 변화를 가져오기 때문이다.

굳센 의지와 의연한 사고를 가진 사람, 안으로 신념을 꿋꿋이 지녀온 사람만이 많은 사람들에게 감명을 주었고, 그들을 지도했다는 사실이 역사에 역력히 나타나 있다. 이런 사람들은 세찬 반대에도 굴하지 않고, 글자 그대로 '무無'에서 위대한 사업이나 국가, 그리고 새로운 세계를 창조해 냈던 것이다

역사 공부를 하라. 만약 당신이 사고의 힘에 대하여 좀 더 깊은 확신을 갖고 싶다면, 역사에 나오는 위대

한 인물들의 전기를 읽어라.

그러면 그런 위대한 인물들이 얼마나 확고하고 정당한 목표와 꿈과 이상을 가지고 있었는가를 알게 될 것이다. 그들은 누구나 성공에 이르는 자신의 길을 생각하고 또 믿었던 것이다.

그러나 사고의 힘은 이와 같은 사람들만이 독점하는 것은 아니다. 당신도, 나도, 그 외 모든 사람이 그것을 가지고 있다.

단지 보통 사람들은 사고의 힘을 그들이 했던 것처럼 사용하지 못할 뿐이다. 당신도 그 힘을 사용하게 되면, 당신의 상상 속에서 바라던 사람이 될 수 있는 것이다.

끊임없이 과감하게 정신력을 사용하면 당신의 생활에 새로운 활력소가 생겨난다. 당신의 지배적인 사고가 안에서 만들어져서 외부의 것을 끌어들이는 것이다.

적극적이고 창조적인 사고의 힘은 당신의 행동을 궁극적인 성취의 세계로 이끌어 간다. 힘, 진정한 힘은 사고 속에서 존재하는 것이다.

마음속에 품고 있는 것은 무엇이든지 당신 스스로 실현시킬 수 있다.

이 말을 항상 마음속에 갖고 있어라. 당신이 마음속

에 적당한 그림을 그리면, 건강과 부와 행복은 반드시 그 그림에 이어서 찾아오게 된다.

▶ 운명의 주인이 될 것

당신 자신을 알라, 당신의 힘을 알라.

당신 자신을 믿어라. 그리고 당신이 원하는 것을 주는 당신 마음의 위대한 힘을 믿어라.

이 책에 있는 기술을 실행하고, 또 계속해서 반복하라. 그것을 당신의 일상생활로 삼아라. 밤에 잠자리에 들고, 아침에 일어나고, 식사하고, 마시고, 운동하고, 그리고 그 외에 여러 가지 일상적으로 하는 평범한 일과처럼 말이다.

카드의 암시, 의식하는 마음 앞에 놓인 그림, 거울과의 대면 등을 항상 정해진 일처럼 생각해서, 머리 빗고 세수하는 것처럼 빠뜨리지 말고 실행하는 습관으로 만들어라.

이것을 마음이 내킬 때만 불규칙적으로 해서는 안 된다. 기후나 체온 조절을 위해 입었다가 벗어버리는 의복과는 다른 것이다.

마음의 힘은 하루 24시간 동안 언제나 필요한 것이다. 사용하지 않는 근육이 약해지듯이 마음의 힘도 사용하지 않으면 약해지고 만다. 신념 속에는 순수하고 독창적인 마력이 있다는 것을 믿어라. 그러면 마력이 나타날 것이다. 신념은 당신에게 무한한 힘을 주어 당신이 소망하는 것은 무엇이든지 실현시켜 줄 것이다. 당신은 성공을 거둔 후에도 계속해서 마음의 힘을 사용해야 한다. 마음이 해이해지면 당신은 한 순간에 모든 것을 잃을 수도 있다.

당신의 신념을 단호한 의지로 받쳐주라. 그러면 당신은 정복되지 않는 인간, 환경과 조건의 주인이며 더 나아가서 자신과 운명의 주인이 될 것이다.